高校入試　**KEY POINT**

入試問題で効率よく鍛える

一問一答

中学

社会

監修　伊藤賀一　スタディサプリ講師

 KADOKAWA

はじめに

　首都圏・関西圏における公立高校の東大・京大合格ランキング上のめざましい復権や，全国各地の名門校の地域にがっちり根づいた人気を受け，高校入試の**王道は公立入試**です。

　つまり，高校入試においては，公立高校入試のように，あくまでも**文部科学省の学習指導要領**にのっとった「範囲＝レベル」と「方向性＝考えかた」の出題が圧倒的多数を占めます。

　ただし，社会科は，英語・数学・国語の主要３科とは違い，論理的思考力を問うというよりも「**必要な知識をきちんと整理できているか**」を求められる性格が強い教科です。

　どのような内容であれ，学びを進めていく場合「問いを立てる」「考える」ために最低限の知識がなければ何もできない。だからこそこのような教科も必要なのです。思い切って書けば，どれだけ理想を並べても，社会という教科を構成する**地理・歴史・公民の３科目はともに「暗記科目」**。これが現実です。覚えていなければ全く得点が取れません。逆に，覚えてさえいれば何とかなる。夏や秋から焦って始めても，じつは**十分間に合う教科**なのです。

　さて，この本のような一問一答形式のアウトプットは，批判されることも多いのですが，上記のような教科の性質を考えれば，最も相性がいいのが社会科。そこを強調しておいた上で，勉強法として重要な２点を以下にまとめました。

①インプットとアウトプットを同時並行でマメに行う。

　授業を聞いてばかり，参考書を読んでばかり，という知識のインプットに終始してしまうと，どうしても定着しません。インプットしたら，すぐにフタをして閉じ込めてしまう行為が重要です（＝同時並行）。

その後，覚えたはずの知識は大暴れして，閉じ込めたアタマの中から逃げ出そうとします。それを，よいタイミングで押さえつけ，また暴れ出したらその都度押さえつける。このようなマメな行為を必要とするのが社会科です。**社会科は「覚える（暗記）」も大事なのですが，「忘れない（記憶）」がもっと大事な教科**。テストの現場で思い出せなければ，それは覚えていないことと一緒ですから。

②一問一答は複数回，問題は一度きり。

①に書いたように，マメな行為はこの一問一答で十分です。問題集・過去問・定期テスト・模擬試験などの本格的な問題は，基本的にザッと見直したらその一度だけで復習は終了。

理由は，**問題演習は一問一答に比べ時間がかかる**からです。主要科目に時間を取られるので，社会科は効率的に進めるべきです。問題を解くなら「同じ」問題を何度も解くのではなく，「同じような」問題を数多く解き，「〇〇は要するにこういうこと」という風に知識を抽象化していく。そうしておかないと「〇〇」を違う角度からきかれた時に答えられません。すなわち，**問題演習は「この〇〇だけやっておけばOK」ということはあり得ません。**定期テスト・模試・問題集・過去問など，絶え間なく，さまざまなシーンで続けていくものです。

そのいくつもの問題演習の中の，知識のエッセンスを切り取ってきたものがこの一問一答です。何冊もの問題集や何年分もの過去問を手早く押さえるのと類似の効果があるように工夫されています。掲載されているのは各都道府県の過去問と，その間を埋めて知識を定着させるためのオリジナル問題。思考力が必要な問題も重視しています。「何度もやる」ことに意味のある，珍しいこの本を手元に置き，隙間にいろいろと書き込んで自分だけの一冊にしてください。そして，試験会場にはぜひこれだけを持っていってください。がんばって！

監修　伊藤賀一

本書の特長と使い方

一問一答形式の暗記 × 演習で最短で実力がつく

スタディサプリ講師の監修のもと，高校入試で出やすい順，重要度の高い順に構成。入試×重要順で学ぶから，すぐに力がつきます。

全国の公立高校入試から重要問題を厳選

全国の公立高校入試問題を中心に，定番問題から差がつきやすい問題まで，入試突破に必要な問題を掲載しています。入試問題をベースとしているので，暗記をしながら「解く力」も養うことができます。

入試での出やすさを示しています。

分野，テーマ，対象となるおもな地域を示しています。

解説 では，問題の解き方や補足を説明しています。

よくでる とあるものは，必ず解けるようにしましょう。

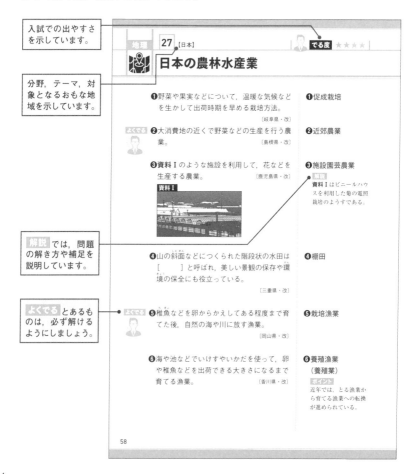

地理 **27** 【日本】　　でる度 ★ ★ ★ ★

日本の農林水産業

❶野菜や果実などについて，温暖な気候などを生かして出荷時期を早める栽培方法。　〔岐阜県・改〕

よくでる ❷大消費地の近くで野菜などの生産を行う農業。　〔島根県・改〕

❸資料Ⅰのような施設を利用して，花などを生産する農業。　〔鹿児島県・改〕

資料Ⅰ

❹山の斜面などにつくられた階段状の水田は[　　　]と呼ばれ，美しい景観の保存や環境の保全にも役立っている。　〔三重県・改〕

よくでる ❺稚魚などを卵からかえしてある程度まで育てた後，自然の海や川に放す漁業。　〔岡山県・改〕

❻海や池などでいけすやいかだを使って，卵や稚魚などを出荷できる大きさになるまで育てる漁業。　〔香川県・改〕

❶促成栽培

❷近郊農業

❸施設園芸農業
解説
資料Ⅰはビニールハウスを利用した菊の電照栽培のようすである。

❹棚田

❺栽培漁業

❻養殖漁業（養殖業）
ポイント
近年では，とる漁業から育てる漁業への転換が進められている。

"入試で差がつくポイント"で新傾向問題にも対応

近年の公立高校入試では、解くのに思考力の必要な問題が増加しています。本書は、重要・頻出テーマをすばやくおさえつつ、新傾向問題への対策も可能なように構成しています。

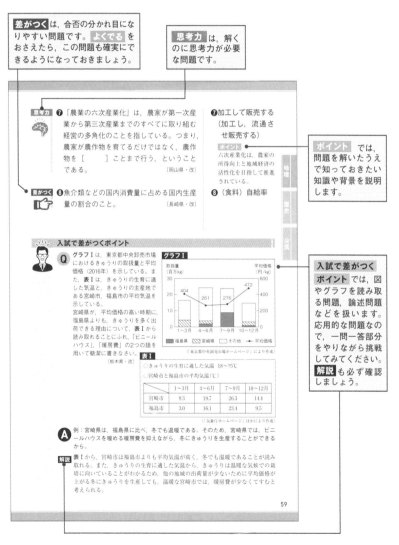

差がつく は、合否の分かれ目になりやすい問題です。**よくでる** をおさえたら、この問題も確実にできるようになっておきましょう。

思考力 は、解くのに思考力が必要な問題です。

ポイント では、問題を解いたうえで知っておきたい知識や背景を説明します。

入試で差がつくポイント では、図やグラフを読み取る問題、論述問題などを扱います。応用的な問題なので、一問一答部分をやりながら挑戦してみてください。**解説** も必ず確認しましょう。

思考力 ❼「農業の六次産業化」は、農家が第一次産業から第三次産業までのすべてに取り組む経営の多角化のことを指している。つまり、農家が農作物を育てるだけではなく、農作物を [   ] ことまで行う、ということである。
〔岡山県・改〕

❼加工して販売する（加工し、流通させ販売する）

ポイント
六次産業化は、農家の所得向上と地域経済の活性化を目指して推進されている。

差がつく ❽魚介類などの国内消費量に占める国内生産量の割合のこと。
〔長崎県・改〕

❽（食料）自給率

入試で差がつくポイント

Q **グラフⅠ**は、東京都中央卸売市場におけるきゅうりの取扱量と平均価格（2016年）を示している。また、**表Ⅰ**は、きゅうりの生育に適した気温と、きゅうりの主産地である宮崎市、福島市の平均気温を示している。

宮崎県が、平均価格の高い時期に、福島県よりも、きゅうりを多く出荷できる理由について、**表Ⅰ**から読み取れることにふれ、「ビニールハウス」、「暖房費」の2つの語を用いて簡潔に書きなさい。
〔栃木県・改〕

グラフⅠ

取扱量（百万kg） / 平均価格（円/kg）

404 / 261 / 276 / 472

■福島県　□宮崎県　□その他　―●―平均価格

〔「東京都中央卸売市場ホームページ」により作成〕

表Ⅰ

○きゅうりの生育に適した気温　18〜25℃
○宮崎市と福島市の平均気温（℃）

	1〜3月	4〜6月	7〜9月	10〜12月
宮崎市	9.3	19.7	26.3	14.4
福島市	3.0	16.1	23.4	9.5

〔「気象庁ホームページ」ほかにより作成〕

A 例：宮崎県は、福島県に比べ、冬でも温暖である。そのため、宮崎県では、ビニールハウスを暖める暖房費を抑えながら、冬にきゅうりを生産することができるから。

解説 表Ⅰから、宮崎市は福島市よりも平均気温が高く、冬でも温暖であることが読み取れる。また、きゅうりの生育に適した気温から、きゅうりは温暖な気候での栽培に向いていることがわかるため、他の地域の出荷量が少ないために平均価格が上がる冬にきゅうりを生産しても、温暖な宮崎市では、暖房費が少なくてすむと考えられる。

59

5

目次

第1章 地理分野

第3章 公民分野

第 **1** 章

地理分野

地形図の使い方

❶血の地図記号。 〔大阪府・改〕

❶博物館

❷Y の地図記号。 〔山口県・改〕

❷消防署

❸∧ の地図記号。 〔静岡県・改〕

❸針葉樹林

❹Ⴤ の地図記号。 〔神奈川県・改〕

❹桑畑（くわ）

よくでる ❺川が山間部から平野や盆地に出たところに, 土砂がたまってできた地形。

〔群馬県・改〕

❺扇状地（せんじょうち）

よくでる ❻2万5千分の1の地形図上で3cmであったときの実際の距離。 〔沖縄県・改〕

❻750m

解説 3cm×25000
=75000cm=750m

❼実際の距離が500mであったとき, 2万5千分の1の地形図上での長さ。 〔茨木県・改〕

❼2cm

解説 500m÷25000
=0.02m=2cm

よくでる ❽5万分の1の地形図上で4cmであったときの実際の距離。 〔栃木県・改〕

❽2km

解説 4cm×50000
=200000cm=2km

差がつく ❾地図Ⅰの点線 (------) で囲んだ部分は, 縦2cm, 横3cmの長方形である。この長方形が示す実際の土地の面積。 〔福島県・改〕

❾375000m²

解説
2cm×25000=500m
3cm×25000=750m
500m×750m
=375000m²

地図Ⅰ

（国土地理院2万5千分の1地形図「札幌」より作成）
（編集部注：49%に縮小して掲載）

⑩地図Ⅱにおいて，病院から見たときの，消防署の方位。

〔香川県・改〕

地図Ⅱ

（国土地理院2万5千分の1地形図「尾鷲」より作成）
（編集部注：80％に縮小して掲載）

⑩南東

> **解説** 病院の地図記号
> は⊕。地図の西側，「上
> 野町」の付近に病院が
> あることがわかる。

⑪地図ⅢのＡ地点とＢ地点の標高差。

〔滋賀県・改〕

地図Ⅲ

（国土地理院5万分の1地形図「鹿屋」（平成6年修正）より作成
（編集部注：91％に縮小して掲載）

⑪40m

> **解説**
>
> 5万分の1の地形図上で
> は20mごとに主曲線が
> 引かれている。2万5千
> 分の1では10mごとで
> ある。

 入試で差がつくポイント

> **Q** **資料Ⅰ**の**Ａ**の ○ の場所には，2006年
> に部品組立工場が建設された。この
> 場所に工場が建設されたのは，なぜ
> だと考えられるか。**資料Ⅰ**をもとに
> 書きなさい。
>
> 〔石川県〕
>
> **A** 例：港湾と道路が整備されたことで，
> 部品や製品などの輸送に便利になっ
> たから。

資料Ⅰ

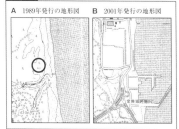

| Ａ　1989年発行の地形図 | Ｂ　2001年発行の地形図 |

（国土地理院5万分の1地形図より作成）

> **解説** **資料Ⅰ**から，○ の場所は**Ａ**の1989年には針葉樹林や荒地などであったが，**Ｂ**の
> 2001年には，部品組立工場付近に港湾や常陸那珂港ICなどの道路が整備されてい
> ることが読み取れる。

地球・世界のすがた

❶距離や面積，方位，形などをほぼ正確に表すことができる，地球を小さくした模型。

〔香川県・改〕

❶地球儀

よくでる ❷地図Ⅰの経度0度のAの線。〔青森県・改〕

地図Ⅰ

❷本初子午線

❸地図ⅡのBの緯線。〔兵庫県・改〕

地図Ⅱ

❸赤道

❹ほぼ180度の経線に沿って陸地にかからないように引かれている線。〔北海道・改〕

❹日付変更線

❺世界の6つの大陸のうち，ヨーロッパ州がある大陸。〔佐賀県・改〕

❺ユーラシア大陸

❻国土が全く海に面していない国。〔香川県・改〕　❻内陸国

❼地図ⅢのＣの大陸。〔福島県・改〕　❼南極大陸

❽地図ⅢのＤの海洋。〔長野県・改〕　❽太平洋

地図Ⅲ

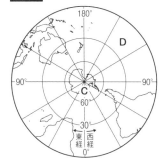

❾面積が世界最大の国。〔岐阜県・改〕　❾ロシア（ロシア連邦）

❿地図Ⅳの███で示された6か国のうちから，下の2つの条件に当てはまる国。

> 条件1：太平洋に面している。
> 条件2：日本よりも早く日付が変わる。

〔福岡県・改〕

❿ニュージーランド

地図Ⅳ

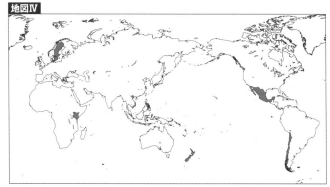

日本のすがた

❶国家の主権が及ぶ範囲である領土, 領海, 領空をあわせて [　　] という。

〔栃木県〕

❶領域

❷オーストラリア, カナダ, ブラジルの排他的経済水域の面積は, 領土の面積よりも小さいが, 日本の排他的経済水域の面積は, 領土の面積よりも大きい。それは, 日本は, 国土が海に囲まれ, 海の上に国境がある [　　] であり, 沖ノ鳥島や南鳥島のような離島もあるからである。 〔富山県・改〕

❷島国（海洋国）

解説

日本の面積は約38万km²だが, 排他的経済水域の面積はその約11倍に当たる約405万km²である。

❸日本の領域で沖縄県に属するが, 中国なども自国の領域だと主張し周辺海域への侵入をくり返している諸島。 〔沖縄県・改〕

❸尖閣諸島

よくでる ❹北方領土は, 歯舞群島, 色丹島, 国後島, [　A　] 島からなっており, 現在, 日本政府は, [　B　] 政府に対して返還を要求している。 〔北海道・改〕

❹A：択捉
　B：ロシア（ロシア連邦）

よくでる ❺日本は, 弓のような形で細長くつらなった島国である。その中での西端の島。 〔沖縄県・改〕

❺与那国島

❻地図ⅠのAの，日本の南端となる島。

〔岡山県・改〕

地図Ⅰ

A

❻沖ノ鳥島

解説
サンゴ礁でできており，
排他的経済水域を守る
ため護岸工事が行われ
た東京都の島である。

地理

歴史

公民

差がつく ❼領土とともに領域を構成する領海は，領土
の海岸線（沿岸）から［ A ］海里であ
り，領海と排他的経済水域をあわせた範囲
は，海岸線（沿岸）から［ B ］海里ま
でである。

〔北海道・改〕

❼A：12
　B：200

よくでる ❽10月10日午前8時に日本（標準時子午線東
経135度）を出発した飛行機が12時間かけ
てロンドン（経度0度）に到着した。ロン
ドンに到着した時刻は，現地時間で何日の
何時になるか，午前か午後を記入し答えよ。

〔沖縄県・改〕

❽10日午前11時

よくでる ❾ペルーが1月3日の午前1時のとき，日本は1
月3日の午後3時である。ペルーの標準時の
基準となっている子午線の経度。

〔京都府・改〕

❾西経75度

よくでる ❿日本の標準時子午線は，東経135度の経線
であり，［　　　］県明石市を通る。

〔岐阜県・改〕

❿兵庫

15

世界と日本の地形

❶地図Ⅰの ──→ で示した海流。

地図Ⅰ

〔茨城県・改〕

❷冬でも比較的温暖な九州地方の近海に，暖流の日本海流（黒潮）とともに流れている海流。　〔埼玉県・改〕

❸地図ⅡのAの湾やBの半島にみられる，海岸線が複雑に入り組んだ地形。

〔鹿児島県・改〕

地図Ⅱ

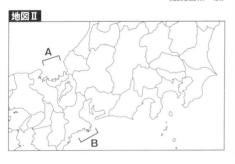

❹日本の南の島にみられ，貴重な観光資源となっている地形。　〔島根県・改〕

❺火山の噴火で火山灰や溶岩が噴き出した跡がくぼんでできた地形。　〔岐阜県・改〕

❶千島海流（親潮）

❷対馬海流

❸リアス（式）海岸
ポイント
Aは若狭湾，Bは志摩半島。

❹サンゴ礁

❺カルデラ

よくでる ❻世界に2つある活動の活発な造山帯のうちの1つである，日本列島も位置している造山帯。〔大阪府・改〕

❻環太平洋造山帯

よくでる ❼日本アルプスの東側には［　　　　　］と呼ばれる大きな溝が南北にのび，その西端は新潟県糸魚川市から静岡県静岡市を通るとされている。［　　　　　］を境にして，日本列島の地形などは東西で異なる。〔大阪府・改〕

❼フォッサマグナ

❽地図ⅢのCの河川名。〔群馬県・改〕

地図Ⅲ

❽利根川

❾スカンディナビア半島にみられる，氷河によってけずられた谷に海水が深く入り込んだ氷河地形。〔徳島県・改〕

❾フィヨルド

地理

歴史

公民

 入試で差がつくポイント

Q 扇状地と三角州は，それぞれどのようなところにつくられるか，簡単に書きなさい。〔北海道・改〕

A 例：扇状地は川が山間部から平地に出たところに，三角州は川が海に流れ出るところにつくられる。

解説 扇状地も三角州も川が運んできた土砂が積もった地形であり，扇状地は周囲を山に囲まれた盆地に形成されるもの，三角州は河口付近に形成されるものをいう。

世界と日本の気候・災害

❶**グラフⅠ**は，ローマとケープタウンの雨温図である。ローマとケープタウンに共通する気候。　〔福島県・改〕

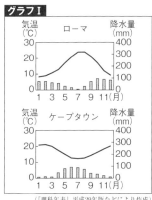

グラフⅠ

ローマ

気温(℃) / 降水量(mm)

ケープタウン

気温(℃) / 降水量(mm)

（『理科年表』平成29年版などにより作成）

❶**地中海性気候**

ポイント
南アフリカ共和国のケープタウンは南半球に位置する。

❷熱帯にみられる，1年の中で降水量の少ない時期。　〔石川県・改〕

❷**乾季**

❸ロシア連邦は世界で最も面積が広い国であり，国内には，様々な気候帯が分布している。ウラル山脈の東側の［　　　］と呼ばれる地域のほとんどは，北海道と同じ冷帯（亜寒帯）に属している。　〔北海道・改〕

❸**シベリア**

❹日本や東アジア，東南アジアなどに暴風雨をもたらす，発達した熱帯低気圧。　〔静岡県・改〕

❹**台風**

よくでる ❺北半球と南半球の中緯度帯の上空を，1年中吹いている西寄りの風。　〔静岡県・改〕

❺**偏西風**

❻日本の太平洋側では夏に〔　**A**　〕の季節
風などの影響で降水量が多く，日本海側で
は冬に〔　**B**　〕の季節風などの影響で降
水量が多い。　〔徳島県・改〕

❻A：南東
　B：北西

 ❼ノルウェーやフィンランドなどの緯度の高
い地域で，太陽がしずまない時期や，太陽
がしずんだ後も明るい夜が続く時期。
〔青森県・改〕

❼白夜

 ❽洪水などの自然災害による被害の軽減や防
災対策に使用する目的で，被災想定区域や
避難場所・避難経路などの防災関連施設の
位置などを表示した地図。　〔兵庫県・改〕

❽ハザードマップ
（防災マップ）

地理

歴史

公民

入試で差がつくポイント

Q 東京都港区にある「芝公園」は，**図Ⅰ**のピクトグラム（絵文
字）で示す役割を果たしている。**図Ⅰ**のピクトグラム（絵文
字）が示す意味を，**資料Ⅰ**を参考にして答えなさい。
〔島根県・改〕

図Ⅰ

資料Ⅰ　芝公園のようす

電気の供給が止まっても太陽光を蓄
電して光る照明灯が設置してある。

マンホール式の配水管直結型
トイレが10基設置してある。

A 例：災害時に避難する場所。

解説 災害による停電や断水を想定して，そのような場合にも使用できる設備が，避難
場所となる公園に用意されている。

19

世界と日本の人口

❶日本が直面している，合計特殊出生率が低下することと，高齢者の割合が増加することが同時に起こる現象。　〔新潟県・改〕

❶少子高齢化

よくでる ❷人口が都市部へ流出することにより減少し，地域社会を支える活動が困難になること。　〔石川県・改〕

❷過疎（過疎化）

思考力 ❸地方への移住のうち，生活する場所を都市部から生まれ故郷の地方へもどすこと。　〔徳島県・改〕

❸Ｕターン

❹東京や大阪などの大都市中心部では，人口の増加にともなって住宅地が不足するようになった。そこで，1960年ごろから東京都の多摩地区や大阪府の千里地区などの大都市周辺部に住宅団地や市街地が計画的につくられた。このような，計画的に建設が進められた大都市周辺部の住宅団地や市街地。　〔徳島県・改〕

❹ニュータウン

❺世界では，出生率は高いまま，医療や医薬品の普及によって，死亡率が下がることによって起こる，[　　　]と呼ばれる急激な人口の増加がみられる。　〔新潟県・改〕

❺人口爆発
ポイント
特にアフリカの国々での増加が大きい。

❻ 世界の国の中で，2019年における人口の多い国を上位3位まで示した**表Ⅰ**の第2位の国。

〔北海道・改〕

❻インド

表Ⅰ

順位	国名	人口(百万人)
1位	中国	1,434
2位		1,366
3位	アメリカ	329

(「世界国勢図会2019/20」より作成)

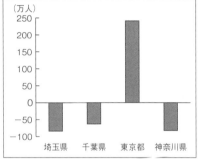

入試で差がつくポイント

Q **グラフⅠ**は埼玉県，千葉県，東京都，神奈川県の昼間人口と夜間人口の差（昼間人口−夜間人口）を表している。また，**表Ⅱ**は，それらの都県における事業所数，大学・短期大学数，住宅地の1m²あたりの平均地価を表している。**グラフⅠ**から考えられる人々の移動の特徴を，**表Ⅱ**からわかることにふれて簡潔に書きなさい。 〔栃木県〕

グラフⅠ 昼間人口と夜間人口の差 （2015年）

(「県勢」より作成)

A 例：東京都に比べ地価の安い周辺の県に居住している多くの人々が，東京都にある事業所や大学等に通勤・通学していると考えられる。

表Ⅱ

	事業所数 (2015年)	大学・ 短期大学数 (2015年)	住宅地の 1m²あたり の平均地価 (2015年)
埼玉県	264,561	43	10.5万円
千葉県	208,949	37	7.2
東京都	728,710	176	32.4
神奈川県	323,506	46	17.4

(「県勢」より作成)

解説 **グラフⅠ**では，東京都のみ昼間人口が夜間人口を上回っていることが読み取れる。**表Ⅱ**から東京都は他の3つの県に比べて，事業所数や大学・短期大学数が多く，かつ住宅地の1m²あたりの平均地価が高くなっていることが読み取れる。これらを総合的に考えると，東京都の周辺の県に住む人が多く，東京都へ通勤・通学する人が多いことを推測できる。

日本の地域区分

❶愛知県の名古屋市や埼玉県のさいたま市などのように，政府によって指定を受けた人口50万人以上の市で，市域が複数の行政区に分けられた市。 〔山口県・改〕

❷日本を7地方に区分したとき，名古屋市が属している地方。 〔山口県・改〕

❸日本を7地方に区分したときの中部地方と近畿地方の境界に接する県のうち，中部地方の県の県名と県庁所在地名とが異なる県。 〔福岡県・改〕

日本を7地方に区分した地図

❹関東地方の県のうち，東北地方との境界のみに接する県が2つある。そのうちの1つの県の県庁所在地名。 〔福岡県・改〕

---

❶政令指定都市
ポイント
2021年時点で，日本全国に20の政令指定都市がある。

❷中部地方

❸愛知県

❹水戸市
（宇都宮市）

世界の地域区分と特色

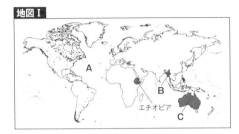

地図Ⅰ

地理

歴史

公民

よくでる ❶地図ⅠのAの大洋。　　　〔福島県・改〕

❶大西洋

❷地図Ⅰのエチオピアがある大陸。
　　　　　　　　　　　　　　〔埼玉県・改〕

❷アフリカ大陸

よくでる ❸地図Ⅰにえがかれていない大陸。
　　　　　　　　　　　　　　〔北海道・改〕

❸南極大陸

よくでる ❹地図ⅠのBの国が含まれる州。
　　　　　　　　　　　　　　〔北海道・改〕

❹アジア州

よくでる ❺地図ⅠのCの国が属する州。　〔鹿児島県・改〕

❺オセアニア州

❻図Ⅰのア～エのうち，アフリカ大陸が含まれる範囲の記号をすべて選べ。

図Ⅰ　　　　　　　　　　　　〔大阪府・改〕

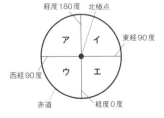

経度180度　北極点

東経90度

ア　イ

ウ　エ

西経90度

赤道　　　経度0度

❻ウ・エ

ポイント

図Ⅰは北半球を上から見た構図になっている。経度0度の本初子午線とアフリカ大陸との位置関係などを手がかりにして考える。

23

アジア

❶同じ土地で1年に2回同じ作物を栽培すること。 〔宮城県・改〕

❶二期作

❷次の文に述べる，インドで信仰されている宗教。 〔長崎県・改〕

> カースト制度と深く結びついた宗教で,この国の約80％の人が信仰している。この宗教では,牛は神聖な動物とされており,この宗教を信仰している人は牛肉を食べない。

❷ヒンドゥー教

❸地図Ⅰの ■ で示された国で，最も多くの人が信仰している宗教。 〔兵庫県・改〕

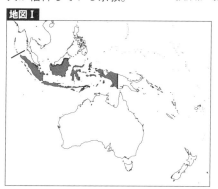

地図Ⅰ

❸イスラム教

ポイント
地図Ⅰには東南アジアのインドネシアが示されている。

❹1980年代から，中国は工業化のための改革を本格的に進め，沿岸部のシェンチェン（深圳）などに，〔　　　　　〕と呼ばれる，海外の資本や技術を導入するために開放した地域を設けた。 〔岐阜県・改〕

❹経済特区（経済特別区）

ポイント
現在5か所ある。

よくでる ❺次の文に述べる国。　〔大阪府・改〕

> 首都はハノイである。国土は細長いS字型をして
> おり，インドシナ半島の東側を占めている。

❻東南アジアの政治や経済などの協力を進め
るために設立され，現在10か国が加盟して
いる地域機構。　〔兵庫県・改〕

❼周辺の国々で原油が多く産出されている，
地図ⅡのA湾。　〔栃木県・改〕

地図Ⅱ

❺ベトナム

ポイント
インドシナ半島は東南
アジアに位置し，カン
ボジアやラオスなどの
国が立地している。

❻ASEAN（東南ア
ジア諸国連合）

❼ペルシャ湾（ペル
シア湾）

地理

歴史

公民

✦ **入試で差がつくポイント**

Q 日本企業が日本向け製品を
ASEAN諸国の工場で製造
する理由を，表Ⅰから読み
取れることをもとに，
「ASEAN諸国は」の書き出
しに続けて答えなさい。
ただし，「賃金」，「製品」と
いう2つの語を用いること。
〔島根県・改〕

表Ⅰ ASEAN諸国の製造業賃金指数比較
（2018年の日本を100とした場合）

日本	100
マレーシア	13
ベトナム	9

（JETRO資料より作成）

A 例：（ASEAN諸国は）日本に比べて賃金が安いため，製品を安く製造することが
できるから。

解説 表Ⅰから，マレーシアやベトナムの製造業賃金指数が日本の約10分の1ほどである
ことがわかる。賃金が低ければ，それだけ製造に必要な費用も安くなることが考
えられる。

関東地方

よくでる ❶流域面積が日本最大の〔 **A** 〕が関東平野を横断して流れており，この河川の一部は，茨城県と千葉県の県境となっている。下総台地や武蔵野台地などの台地は，火山灰が堆積した赤土である〔 **B** 〕におおわれている。 〔愛知県・改〕

❶A：利根川
　B：関東ローム

❷東京都の中心部が位置している，日本最大の平野。 〔石川県・改〕

❷関東平野

❸群馬県の現在の県庁所在地。 〔岐阜県・改〕

❸前橋市

❹この県の県境には，富士山の一部が含まれており，県内では地形と気候を生かした農業がおこなわれ，特にぶどうや桃の栽培がさかんである。この県の県庁所在地である〔　　〕は，周囲を山に囲まれた盆地にある。 〔長崎県・改〕

❹甲府市
ポイント
この県とは山梨県のことである。また，文中の盆地は，甲府盆地である。

❺明治維新で「東京」に改称されるまでの，東京の名称。 〔石川県・改〕

❺江戸

❻東京を中心として形成されている日本最大の都市圏。 〔オリジナル〕

❻東京大都市圏

❼東京などの都心部で気温がその周辺の地域よりも高くなる現象。 〔オリジナル〕

❼ヒートアイランド現象
解説
ビルや商業施設などが密集する場所で起こる。

Q **グラフⅠ**を見ると，東京都の港区では，昼間人口に比べ夜間人口が少ないことがわかる。その理由を，**グラフⅡ**，**表Ⅰ**，**地図Ⅰ**を参考にし，「郊外」という語を用いて説明しなさい。〔島根県・改〕

グラフⅠ 港区の昼間人口と夜間人口（2015年）

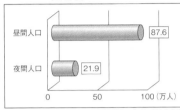

（東京都ホームページより作成）

グラフⅡ 東村山市の昼間人口と夜間人口（2015年）

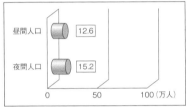

（東京都ホームページより作成）

表Ⅰ 住宅地の平均地価（2015年）

区・市名	1m²あたりの地価（千円）
港　区	1475
東村山市	183

（東京都ホームページより作成）

地図Ⅰ 東京都（一部）

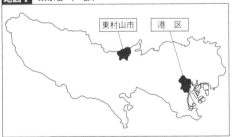

 例：港区は地価が高いので，郊外から通勤や通学をしている人が多いから。

解説 夜間人口とは，その地域に寝る場所がある人口のことであり，実際の住民の人口を表している。昼間は通勤・通学のために移動する人が多く，港区は昼間人口が夜間人口よりも多くなるが，東村山市では昼間人口が夜間人口よりも少なくなる。このような違いが見られる理由を**表Ⅰ**から読み取って考えるようにする。

北アメリカ

❶北アメリカ大陸の中央平原を流れ，メキシコ湾に注ぐ河川。　〔兵庫県・改〕

❶ミシシッピ川

よくでる ❷地図Ⅰの**A**の山脈。　〔和歌山県・改〕

地図Ⅰ

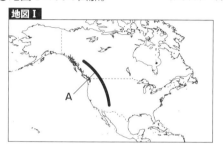

❷ロッキー山脈

ポイント

ロッキー山脈は高くて険しい山脈である。一方，アメリカ合衆国の東側にあるアパラチア山脈は，なだらかな山脈である。

よくでる ❸スペイン語を話す，メキシコやカリブ海諸国からアメリカ合衆国への移民。　〔栃木県・改〕

❸ヒスパニック

よくでる ❹地図Ⅱの，おもに北緯37度より南側の，コンピュータや航空機・宇宙産業などの先端技術（ハイテク）産業がさかんな地域。　〔富山県・改〕

❹サンベルト

ポイント

サンベルト内のサンフランシスコ郊外にあるシリコンバレーには，多くの先端技術産業の企業や研究機関が進出している。

地図Ⅱ

北緯37度

B

❺地図ⅡのBの, サンフランシスコ郊外にある, 先端技術産業が集中する地域。

〔茨城県・改〕

❺シリコンバレー

ポイント
中心都市はサンノゼ。

❻世界各国に販売や生産の拠点を持ち, 活動を世界的規模で行う大企業。 〔オリジナル〕

❻多国籍企業

地理

❼アメリカ合衆国で行われているその土地の気候や土壌にあわせた作物を生産する農業。

〔オリジナル〕

❼適地適作

ポイント
西経100度付近より東側ではとうもろこしや大豆の栽培, 西側では放牧が行われている。

歴史

公民

入試で差がつくポイント

Q 資料Ⅰは, 地図Ⅲの ◎◎◎ のグレートプレーンズで行われている, センターピボット方式の大規模なかんがい農業の様子を表している。資料Ⅰを参考にして, この農業の特色について, 書きなさい。 〔青森県・改〕

地図Ⅲ

資料Ⅰ

A 例:地下水をくみ上げ, 大型のスプリンクラーで水をまくこと。

解説 グレートプレーンズでは, 地下からくみ上げた水を, 長くのびたスプリンクラーが円をえがくように畑にまいてかんがいしているので, 資料Ⅰの上部のように農地が円形になっている。

近畿地方

❶若狭湾には，岬と湾が連続し，複雑に入り組んだ海岸線がみられる。このような特徴をもつ海岸の地形。 〔佐賀県・改〕

❶リアス（式）海岸

よくでる ❷表Ⅰで示した「ある果実」。 〔富山県・改〕

表Ⅰ ある果実の生産上位県

全国順位	都道府県名
1位	和歌山県
2位	愛媛県
3位	熊本県

（「日本国勢図会2019/20」より作成）

❷みかん

解説
南向きの斜面につくられた果樹園で栽培がさかん。

❸グラフⅠをみると，滋賀県の農業は，全国に比べて，[　　　]がさかんであることがわかる。 〔長野県・改〕

グラフⅠ

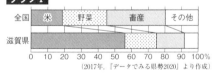

（2017年，「データでみる県勢2020」より作成）

❸稲作（米作）

❹近畿地方の東側に隣接する県は3つある。そのうち2つの県名。 〔富山県・改〕

❹福井県・岐阜県・愛知県から2つ

❺地図Ⅰの県庁所在地。 〔岡山県・改〕

地図Ⅰ

❺大津市

ポイント
地図Ⅰの県は滋賀県である。滋賀県の面積の約6分の1は琵琶湖。

❻大阪府や兵庫県を中心として形成されている工業地帯。　〔オリジナル〕

❻阪神工業地帯

❼東大阪市や八尾市などの内陸部に集まる中規模以下の企業。　〔オリジナル〕

❼中小企業（町工場）

❽京都，大阪，神戸を中心に広がる大都市圏。　〔オリジナル〕

❽京阪神大都市圏（関西大都市圏・大阪大都市圏）

地理

歴史

公民

入試で差がつくポイント

Q 次の**表Ⅱ**は，大阪府と府内の大阪市，堺市，豊中市，枚方市の1960年と1980年の人口を示している。1960年から1980年にかけて大阪府全体の人口が増加したにもかかわらず，大阪市の人口が減少した理由の1つを，**地図Ⅱ**をふまえて，簡潔に述べなさい。　〔山口県・改〕

表Ⅱ

	1960年（千人）	1980年（千人）
大阪府	5,505	8,473
大阪市	3,012	2,648
堺市	340	810
豊中市	199	403
枚方市	80	353

（「数字でみる日本の100年」により作成）

1950年代から1960年代にかけて建設が始まった，大阪府のおもなニュータウン

地図Ⅱ

（注）■は，ニュータウンの位置を示している。

A 例：大阪市から，郊外のニュータウンに人口が移動したから。

解説 1960年代から過密が進んだ大阪市では，**地図Ⅱ**の3つの市などにつくられたニュータウンに移り住む人が多かったので，1980年代は**表Ⅱ**のように人口がやや減少した。

ヨーロッパ

❶ヨーロッパ州は，ユーラシア大陸の西端に位置する。南部にはアルプス山脈などの大きな山脈があり，北部には［　　　　　　］によってけずられてできた湾や湖が多い。

〔栃木県・改〕

❷一部がドイツとフランスの国境としても利用されている，**地図Ⅰ**の**A**の国際河川。

〔佐賀県・改〕

地図Ⅰ

❸イギリスは日本に比べて高緯度に位置しているが，気候は温暖である。その理由は，暖流の［　**A**　］海流と［　**B**　］風が寒さをやわらげているからである。　〔沖縄県・改〕

❹ヨーロッパ北西部や東部で行われてきた，小麦やライ麦といった穀物栽培と豚や牛を中心とした家畜の飼育を組み合わせた農業。

〔富山県・改〕

❺夏に乾燥する気候の特徴を生かして，オリーブなどを生産する農業。　〔石川県・改〕

❶氷河

ポイント
ヨーロッパの北部にあるスカンディナビア半島の海岸ではフィヨルドが多く見られる。

❷ライン川

ポイント
国際河川は複数の国を流れている川。沿岸国は自由に航行することができる。

❸A：北大西洋
**　B：偏西**

❹混合農業

❺地中海式農業

よくでる ❻ヨーロッパ諸国で，2002年から導入された共通通貨。 〔長崎県・改〕

❻ユーロ

❼イギリスでは2016年に国民投票が実施され，その結果それまで加盟していた，ある組織から脱退することが決まった。その組織名。 〔沖縄県・改〕

❼EU（ヨーロッパ連合・欧州連合）

解説
2020年にイギリスはこの組織から正式に脱退した。

入試で差がつくポイント

 Q 表Ⅰ，表Ⅱから読み取れる，EUの加盟国に共通してみられる貿易の特徴とその理由を簡潔に書きなさい。 〔栃木県・改〕

表Ⅰ

	輸出総額に占める割合		輸入総額に占める割合	
	EU内	EU以外	EU内	EU以外
ドイツ	58.0%	42.0%	57.3%	42.7%
フランス	59.1	40.9	58.4	41.6
イタリア	54.9	45.1	58.5	41.5
スペイン	64.8	35.2	56.0	44.0

（「ジェトロ世界貿易投資報告2016年版」により作成）

表Ⅱ ヨーロッパ統合の歩み

1948年	3か国間の関税を撤廃
1952年	6か国間の石炭と鉄鋼の関税を撤廃
1967年	EC（ヨーロッパ共同体）結成
	・パスポート統一（1985）
1993年	EU結成
	・物，サービスの移動自由化（1993）
	・人の移動自由化（1995）

A 例：EU内では国境に関係なく，人や物などが自由に移動できるので，EU加盟国同士での貿易がさかんであること。

解説 表Ⅰから，EUの加盟国は輸出と輸入の両方で，EU内の割合がEU以外よりも多くなっていることが読み取れ，EUの加盟国同士の貿易が活発であることがわかる。また，表ⅡからはEUの加盟国の間では，人・物・サービスの移動が自由になっていることが読み取れる。

中部地方

❶越後平野を流れ，日本海にそそいでいる，**地図ⅠのA**の河川。　〔和歌山県・改〕

地図Ⅰ

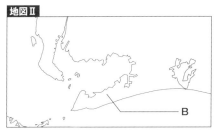

❷静岡県では，〔　　　　　〕の栽培がさかんであり，2012年におけるその収穫量は，全国一である。　〔愛知県・改〕

❸電照菊の栽培が行われている，**地図ⅡのB**の半島。　〔三重県・改〕

地図Ⅱ

❹北陸地方に含まれる県のうち，県名と県庁所在地名の異なる県。　〔静岡県・改〕

---

❶**信濃川**

ポイント
上流の長野県では千曲川と呼ばれる。

❷**茶**

ポイント
鹿児島県でも栽培がさかんな工芸作物。

❸**渥美半島**

ポイント
地図Ⅱは，おもに愛知県の一部を示している。

❹**石川県**

ポイント
北陸地方は新潟県，石川県，福井県，富山県の4県。

❺地図Ⅲの**C**の県名。　　　　　　　〔長野県・改〕

地図Ⅲ

❺**福井県**

❻石川県の県庁所在地の市名。　　　　〔京都府・改〕

❻**金沢市**

❼白川郷・五箇山の合掌造り集落は，UNESCO
（ユ ネ ス コ）により，1995年に [　　　] として登録さ
れ保護が図られている。

〔富山県・改〕

❼**世界遺産**
（文化遺産）

解説
白川郷は岐阜県，五箇
山は富山県にある。

❽愛知県名古屋市を中心に発達している日本
最大の工業地帯。　　　　　　　　〔オリジナル〕

❽**中京工業地帯**

❾新潟県などでさかんに生産されている「コ
シヒカリ」のような都道府県ごとに産地や
品種が登録されている米。　　　　〔オリジナル〕

❾**銘柄米**
（ブランド米）

入試で差がつくポイント

Q 資料Ⅰは，富山県の立山にある黒部ダムの
様子である。黒部ダムが貯水を行う目的を，
エネルギー面から簡潔に説明しなさい。

〔山口県・改〕

資料Ⅰ

A 例：水力発電を行うため。

解説 ダムがつくられる目的は治水の他に，発電がある。黒部ダムは，高度経済成長期
の日本の電力の需要に対応するために建設され，黒部川の豊富な水量を利用した
水力発電が行われている。

地理

歴史

公民

東北地方

❶地図ⅠのAの山脈の名称。 〔石川県・改〕

地図Ⅰ

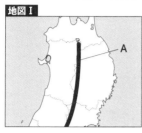

A

❷岩手県北部を源（みなもと）とし，仙台平野を流れ，太平洋にそそいでいる東北地方最大の河川。 〔和歌山県・改〕

❸東北地方の三陸沖は寒流と暖流がぶつかる［　　　］となっているため，条件の良い漁場である。 〔栃木県・改〕

❹その影響を強く受けると，東北地方の太平洋側で稲が十分に育たず収穫量が減ってしまうことがある冷たい北東風。 〔栃木県・改〕

よくでる ❺秋田市は仙台市，金沢市，広島市などのように，歴史的には，城の周辺に家臣や商人などが集められてつくられた［　　　］町から発展して県庁所在地となった。 〔北海道・改〕

---

❶奥羽（おうう）山脈

解説
東北地方の中央部を南北に走っていることから，「東北地方の背骨」と呼ばれる。

❷北上川

ポイント
流域の平地では，稲作がさかんである。

❸潮目（潮境）

❹やませ

❺城下

解説
かつて地域を支配した大名の拠点の周囲に形成された町である。

❻東北地方には，地域の伝統に根差した各地の祭りがあり，近年，観光資源となっている。1980年に国の重要無形民俗文化財に指定された，ねぶた祭である**資料Ⅰ**が開催される県。

〔三重県・改〕

資料Ⅰ

❻青森県

ポイント

資料Ⅰの青森ねぶた祭と，仙台七夕まつりと秋田竿燈まつりをあわせて東北三大祭りと呼ぶ。

地理

歴史

公民

 入試で差がつくポイント

Q **資料Ⅱ**は，山形県の山間部にある宇津峠でみられる電話ボックスと，和歌山県でみられる電話ボックスである。和歌山県と比較すると，この山形県の電話ボックスにはどのような特徴がみられるか，1つ書きなさい。また，その特徴がみられる理由として考えられることを，自然環境に着目して，簡潔に書きなさい。

〔和歌山県・改〕

資料Ⅱ

山形県　和歌山県

宇津峠

A 例：特徴－階段がついている。
　　理由－雪が積もっても出入りができるように高くしている。

解説 資料Ⅱを見ると，山形県の電話ボックスには三角屋根や階段があるが，和歌山県の電話ボックスにはないことがわかる。山形県の宇津峠は，東北地方の日本海側で冬の降雪が多い地域と考えられることから，三角屋根は屋根に積もった雪で押しつぶされないため，階段は地面に積もった雪でドアが開かなくならないために備えた特徴であると推測できる。

九州地方

❶地図Ⅰに◯◯◯で示された平野。

〔福島県・改〕

地図Ⅰ

❶筑紫平野

解説
筑紫平野には筑後川が流れており，稲作がさかんである。

よくでる **❷**九州南部には［　　　］と呼ばれる土壌が分布している。［　　　］台地は水もちが悪いため，稲作に適さず，畜産がさかんに行われている。

〔栃木県・改〕

❷シラス

解説
鹿児島県東部から宮崎県南部に広がっている。火山灰によってできた台地。

よくでる **❸**地図Ⅱの阿蘇山にみられる，火山の噴火によってできた大きなくぼ地。　〔山口県・改〕

❸カルデラ

よくでる **❹**地図Ⅱの■は，精密機械などに使われる，ある部品を生産する工場のおもな分布を示している。この部品。　〔山口県・改〕

❹IC（集積回路）

解説
この部品は重量のわりに高価なので，空港付近や，高速道路・新幹線沿いなど交通の便利な場所に工場がつくられている。

地図Ⅱ

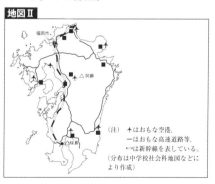

（注）✈はおもな空港，
　　　━はおもな高速道路等，
　　　◆━は新幹線を表している。
（分布は中学校社会科地図などにより作成）

❺九州は，北部で産出する豊富な［　　　　　］を利用して，日本の重工業の発展に大きな役割を果たしてきた。　〔神奈川県・改〕

❻九州地方の中で年間の商品販売額が最も大きい福岡県の小売業やサービス業は，第何次産業に含まれるか。　〔岡山県・改〕

❼次の文に述べられている県。　〔愛知県・改〕

> この県は，別府や湯布院(由布院)などの温泉地が有名で，九州以外からも多くの観光客が訪れる。関西地方から別府港に向かうフェリーは，瀬戸内海を西へ向かい，国東半島を右手に見ながら別府港に入る。

❽<ruby>水俣<rt>みなまた</rt></ruby>市のように，環境問題の解決を通じて都市発展を目指す取り組みが認められ，国に選定された都市。　〔青森県・改〕

 思考力

❾沖縄県の一部の地域では，農業用水の不足から**資料Ⅰ**のように，地層の特性を生かし，<ruby>止水壁<rt>しすいへき</rt></ruby>と呼ばれる壁を作り，地下に水をせき止めて貯めている。このしくみ。　〔沖縄県・改〕

資料Ⅰ

（沖縄県史図説編より作成）

---

❺石炭

❻第三次産業

❼大分県

❽環境モデル都市

❾地下ダム
（地中ダム）

解説
沖縄県には大きな川や湖がないので，水を通しやすい石灰岩と水を通しにくい泥岩の性質を利用したしくみを作って農業用水を確保している。

地理

歴史

公民

北海道地方

❶地図Ⅰの洞爺湖は，火山の爆発や噴火による陥没などによってできた大きなくぼ地に，水がたまってできた湖である。火山の爆発や噴火による陥没などによってできた大きなくぼ地は何と呼ばれるか。　〔静岡県・改〕

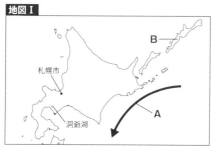

地図Ⅰ

B

札幌市

洞爺湖

A

❶カルデラ

ポイント
九州地方の阿蘇山にも同じ地形が見られる。

よくでる **❷**地図ⅠのAの海流。

〔静岡県・改〕

❷千島海流（親潮）

よくでる **❸**北海道の東にある，**地図Ⅰ**のBの島。

〔静岡県・改〕

❸択捉島

ポイント
日本の最北端。

❹地図Ⅰの札幌市は，「サッポロペッ」という北海道の先住民族の言葉が由来となった都市名である。この言葉を使っていた，独自の言語や文化をもつ，北海道の先住民族。

〔静岡県・改〕

❹アイヌ（アイヌ民族）

よくでる **❺**歯舞群島，色丹島，[　　　]島，択捉島は日本固有の領土であり，現在，日本政府はロシア連邦政府に返還を求めている。

〔北海道・改〕

❺国後

❻白神山地，屋久島に次いで2005年7月に日本で3番目の世界遺産（自然遺産）として登録された，**地図ⅡのC**。

〔青森県・改〕

❻知床

地図Ⅱ

❼明治時代，北海道の都市づくりや農地開拓，防備のために全国各地から移住してきた農業兼業の兵士。

〔山口県・改〕

❼屯田兵

入試で差がつくポイント

Q **グラフⅠ**は，2015年度に北海道を訪れた観光客数の3か月ごとの変化を表している。**グラフⅠ**を参考にして，海外から訪れた観光客の国・地域の割合の傾向と，訪問時期の特徴を答えなさい。ただし，「東アジア」という語句を用いて，「北海道を訪れた海外からの観光客は，」の書き出しに続けて書きなさい。 〔福島県・改〕

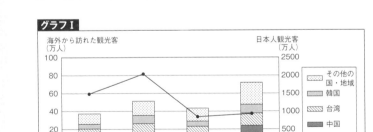

グラフⅠ

海外から訪れた観光客（万人）

日本人観光客（万人）

凡例：その他の国・地域　韓国　台湾　中国　日本人

（北海道経済部観光局資料より作成）

A 例：（北海道を訪れた海外からの観光客は，）1年を通して東アジアからの割合が高く，日本人観光客と比較すると，1〜3月に多く訪れている。

解説 **グラフⅠ**から，それぞれの訪問時期について，東アジアの国・地域からの観光客とその他の国・地域からの観光客との割合の変化，日本人観光客の増減を読み取り，あらかじめ語句が指定されている「東アジア」の観光客を中心として考えるようにする。

南アメリカ

よくでる ❶南アメリカ大陸の太平洋側には，高い山々が南北に連なっており，[　　　]山脈と呼ばれている。　〔栃木県・改〕

❶アンデス

❷次の文に説明されている，南アメリカ大陸の河川。　〔長崎県・改〕

> この河川の流域面積は世界最大であり，流域は多様な種類の動植物が生息するなど自然豊かであるが，森林破壊など環境問題に直面している。

❷アマゾン川

解説
おもにブラジルを流れる河川であり，流域にセルバと呼ばれる熱帯雨林が見られる。

よくでる ❸国別生産量の割合を表す**グラフⅠ**の農産物。　〔青森県・改〕

〔2017年〕

その他 33.6 / 8827 千t / ブラジル 29.1％ / ベトナム 16.7 / コロンビア 8.2 / ホンジュラス 5.2 / インドネシア 7.3

（「世界国勢図会2019/20」より作成）

❸コーヒー豆

解説
ブラジル高原南部に多いテラローシャという赤色の土壌が栽培に適している。

❹森林を伐採し，この木を燃やしてできた灰を肥料にして，いもなどの作物を栽培するという，アマゾン川の流域でみられる農業。　〔宮城県・改〕

❹焼畑農業

❺ブラジルでは，石油の代替エネルギーとしてサトウキビから自動車などのアルコール燃料を作り利用している。このように植物を原料に作られる燃料。　〔佐賀県・改〕

❺バイオエタノール（バイオ燃料）

❻南アメリカ大陸では，スペインやポルトガルからやってきた人々が植民地をつくったという歴史があり，現在でもスペイン語やポルトガル語が話され，彼らが広めた[　　]教を信仰する人が多いという特徴がある。〔神奈川県・改〕

❼2017年における，銅鉱（銅鉱石）の生産量の多い上位4か国を示した**グラフⅡ**の**A**に当たる国名。〔大阪府・改〕

グラフⅡ

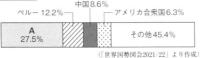

ペルー 12.2%　中国8.6%　　アメリカ合衆国6.3%

| A 27.5% | | | その他45.4% |

（「世界国勢図会2021/22」より作成）

❻キリスト

ポイント

南アメリカ州では，ブラジルではポルトガル語が，他の多くの国ではスペイン語が話されている。

❼チリ

入試で差がつくポイント

Q **グラフⅢ**は，ブラジルの森林面積の推移を，**グラフⅣ**は，ブラジルの牛肉の生産量の推移を表している。**グラフⅢ**のようにブラジルの森林面積が変化してきた理由を，**グラフⅣ**と関連させて書きなさい。〔福島県・改〕

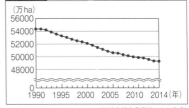

グラフⅢ ブラジルの森林面積の推移

（国連食糧農業機関により作成）

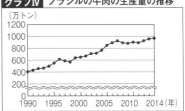

グラフⅣ ブラジルの牛肉の生産量の推移

（国連食糧農業機関により作成）

A 例：肉牛を飼育する牧場を開発するために，森林を切りひらいてきたから。

解説 **グラフⅢ**でブラジルの森林面積が減少していることからアマゾン川流域の熱帯雨林の伐採が進んでおり，**グラフⅣ**でブラジルの牛肉の生産量が増加していることから牧場がつくられて肉牛の飼育頭数が増えていることが考えられる。その上で，森林の伐採と肉牛を飼育する牧場の開発を関連づけて解答を書くようにする。

地理

歴史

公民

43

アフリカ

❶エジプトには，まっすぐな国境線がみられる。これは，かつてこの土地を植民地としていたヨーロッパの国が，緯線・[　　　]を利用して引いた境界線が，今も国境線として使われているからである。〔岐阜県・改〕

❶経線

ポイント
エジプトを植民地としていた国はイギリス。

❷地図ⅠのＡの地域に広がる砂漠。

❷サハラ砂漠

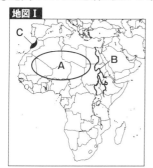

地図Ⅰ 〔沖縄県・改〕

❸地図ⅠのＢの川。〔オリジナル〕

❸ナイル川

❹地図ⅠのＣの地域では，夏は高温で乾燥し，冬は温暖で雨が多いため，オリーブや小麦を栽培している。ここで行われている農業。〔富山県・改〕

❹地中海式農業

ポイント
Ｃの地域は，ヨーロッパ南部と同じ気候である。

❺現地の住民や移民等の安価で豊富な労働力を利用して大規模に栽培している大農園。〔佐賀県・改〕

❺プランテーション

❻アフリカ大陸には，人口増加などを背景に，ゆきすぎた森林の伐採や放牧などによって，樹木や草原が失われてきている地域がある。このような人間の活動などによって，植物が生えていた土地が，草も育たないやせた土地になること。 〔三重県・改〕

❻砂漠化（さばく化）

❼地図Ⅱのᴅ国。 〔茨城県・改〕

地図Ⅱ

ᴅ国

❼南アフリカ共和国

解説
首都はプレトリア。

地理

歴史

公民

入試で差がつくポイント

Q 資料Ⅰは，ナイジェリアの2014年の輸出品の輸出総額に占める割合を示したもので，資料Ⅱは，2008年から2015年における原油の国際価格の推移を示したものである。資料Ⅰと資料Ⅱを参考に，ナイジェリアの経済の問題点として考えられることを，「国際価格」と「国の収入」という2つの語を用いて説明しなさい。

〔山口県〕

資料Ⅰ

輸　出　品	輸出総額に占める割合（％）
原油	72.9
液化天然ガス	8.5
石油製品	6.1
その他	12.5

（「世界国勢図会2017/18」により作成）

資料Ⅱ

（ドル／バレル）

（注）1バレルは，約159L
（エネルギー・経済統計要覧2017により作成）

A 例：輸出で大きな割合を占める原油の国際価格が変動するため，国の収入が安定しない。

解説 資料Ⅰからナイジェリアの輸出品は原油や液化天然ガスなどの割合が高いこと，資料Ⅱから原油の国際価格は不安定であることがそれぞれ読み取れるので，それらを関連づける。

中国地方

❶ 地図 I に ━━━━ で示した山地名を書きなさい。 〔福島県・改〕

地図 I

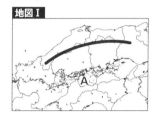

❷ 地図 I の **A** で示した海。 〔オリジナル〕

❸ 地図 II は，広島県において，2006年から2015年までの間に7.6％を超える人口減少があった市町村をぬりつぶしたものである。そのうち，太線で囲んだ **B** の地域は，おもにどのような地形か。 〔富山県・改〕

地図 II

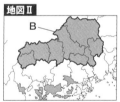

（広島県ホームページなどより作成）

❹ 水がしみこみやすい砂地において，らっきょうを栽培しており，2012年の収穫量は全国2位となっている中国地方の県。

〔富山県・改〕

❶ 中国山地

❷ 瀬戸内海

❸ 山地

ポイント
B の地域は，平地が少なく過疎化が著しい。

❹ 鳥取県

❺中国地方の政治や経済，文化の中心的な役割を果たす地方中枢都市であるとともに，平和記念都市としても知られている都市。

〔岐阜県・改〕

❻中国・四国地方には，香川県高松市のように県名と異なる都市名の県庁所在地が，高松市以外にも2つある。このうち，中国地方にある県庁所在地の都市名。〔香川県・改〕

❼2007年に世界遺産（文化遺産）に登録された，16世紀のヨーロッパでも知られていた島根県の銀山。

〔三重県・改〕

❽グラフⅠは，JR高松駅とJR岡山駅との間の1日あたりの定期券利用者数の推移を示している。瀬戸大橋が開通するまでは，高松－岡山間は主に船と鉄道を使って行き来していたが，瀬戸大橋の開通により鉄道だけでも行き来することができるようになった。これにより高松－岡山間の［　　　　　］が大幅に短縮されたため，通勤・通学客が増加したと考えられる。〔香川県・改〕

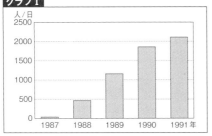

グラフⅠ

人／日

（注）1987年は，船（宇高連絡船）の定期券利用者数。
（JR四国資料などにより作成）

❺広島市

地理
歴史
公民

❻松江市

解説
四国地方では，香川県高松市の他に，愛媛県松山市がある。

❼石見銀山（いわみ）

❽移動時間（時間距離）

解説
1988年に開通した瀬戸大橋によって，香川県と岡山県の間を鉄道や自動車で行き来できるようになった。このため，瀬戸大橋が開通するまでの主要な交通手段として利用されていた船の利用者が減少した。

四国地方

❶地図Ⅰの ⬭ に広がる山地。〔青森県・改〕

地図Ⅰ

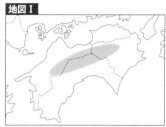

❷**地図Ⅱ**から，高松市のある瀬戸内地域では，平地で［　　　　］を利用した稲作が行われていることがわかる。〔群馬県・改〕

地図Ⅱ

（国土地理院2万5千分の1地形図「高松南部」の一部。2012年発行）
（編集部注：115％に拡大して掲載）

❸高知平野でかつてさかんだった，米を年に2回収穫すること。〔三重県・改〕

---

❶**四国山地**

❷**ため池**

ポイント
地図Ⅱに示されているのは，讃岐平野の一部。

❸**二期作**

解説
同じ耕地で同じ作物を1年間に2回収穫すること。

❹本州四国連絡橋で岡山県と結ばれ，本州との間で人やものの移動が活発になった，四国地方の県の県庁所在地。　〔長崎県・改〕

❺旧国名では阿波と呼ばれていた，四国地方の県。　〔静岡県・改〕

❻地図Ⅲは，岡山市から3時間以内に自動車で到達できる四国側の範囲の変化を示している。このように変化した理由について述べた下の文の［　　　］に適する言葉。
〔鹿児島県・改〕

地図Ⅲ
◿1985年
◯2011年

四国側の高速道路などの道路が整備され，1988年には［　　　］したから。

❹**高松市**

解説
本州四国連絡橋のうち，児島−坂出ルート。

❺**徳島県**

❻**瀬戸大橋が開通**

地理

歴史

公民

⚡ 入試で差がつくポイント

Q 高知県では，なすの生産がさかんである。**グラフⅠ**からわかる，高知県におけるなすの生産の特徴を，自然条件に着目して，簡潔に書きなさい。　〔群馬県・改〕

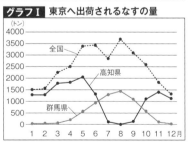

グラフⅠ 東京へ出荷されるなすの量

（トン）

全国
高知県
群馬県

1 2 3 4 5 6 7 8 9 10 11 12月

（2020年。「東京都中央卸売市場ホームページ」より作成）

A 例：温暖な気候を生かし，他の地域と出荷時期をずらして生産している。

解説 高知県は，冬でも温暖な気候を利用して促成栽培を行っているので，他の産地からの出荷が少なくなる冬から春にかけての時期に出荷することができる。

49

オセアニア

❶世界を6つの州に分けたとき，オーストラリアが属する州。　　〔和歌山県・改〕

❷資料Ⅰがある国。　　〔島根県・改〕

資料Ⅰ

先住民アボリジニーが信仰の対象としているウルル(エアーズロック)。

❸次の文に特徴が述べられている国。

〔高知県・改〕

この国は，環太平洋造山帯に位置する。おもな産業としては，羊などの牧畜があげられる。イギリスなどヨーロッパからの移住者の子孫が人口の多数を占めるが，先住民のマオリの文化と，移住してきた人々の子孫の文化の，両方を尊重する政策がとられている。近年では，中国や日本との貿易がさかんになってきている。

❶オセアニア州

❷オーストラリア

解説

この国は，アボリジニ(アボリジニー)という先住民が住んでいた土地に入植したイギリス人などによって建てられた。

❸ニュージーランド

解説

この国は日本と同じ島国であり，南北に分かれた2つの大きな島といくつかの小さな島によって国土が構成されている。

❹地図Ⅰに■でおもな産地を示した鉱産資源。

〔三重県・改〕

地図Ⅰ

オーストラリア

（「世界国勢図会2013/14」、ほかより作成）

❺オーストラリアの鉱山などで見られる、地表から掘り下げていく採掘の方法。

〔青森県・改〕

❻オーストラリアの先住民。　〔茨城県・改〕

❼ツバルの国旗の左上には、イギリスの国旗がえがかれている。その理由は、20世紀初頭に、ツバルはイギリスの［　　　　］であった歴史があり、現在も関係が深いからである。　〔石川県・改〕

❽地図ⅡのＡで示した地域の主食となる作物。

〔佐賀県・改〕

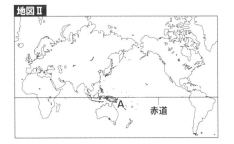

地図Ⅱ

Ａ　赤道

❹石炭

解説

オーストラリアの石炭はおもに日本や中国といったアジアに輸出されている。

❺露天掘り

❻アボリジニ（アボリジニー）

❼植民地

❽いも類

解説

オセアニアの赤道付近の熱帯に属する地域では、タロいもやヤムいもなどのいも類を主食とする国が多い。

地理

歴史

公民

51

世界と日本の結びつき

❶地図Ⅰの●は，アジア州のおもな国際空港の位置を示している。近年，これらの国際空港間の競争が激しくなっているが，航空路が放射状にのび，乗り換えの拠点となる空港を何というか。 〔岡山県・改〕

地図Ⅰ

❷表Ⅰは，関東にある主な貿易港の輸出入額を示したものである。**A**に当てはまる，輸出入額の合計が日本で最も大きい貿易港。 〔富山県・改〕

表Ⅰ 港別貿易額（2020年） （百万円）

	輸出	輸入	計
A	10,158,878	12,743,637	22,902,515
東京港	5,233,155	10,985,869	16,219,024
横浜港	5,819,977	4,045,900	9,865,877
千葉港	590,280	2,477,813	3,068,093

（「日本国勢図会2021/22」より作成）

❶ハブ空港

❷成田国際空港

ポイント
貿易港を利用する交通機関は船だけではない。

❸表Ⅱは，名古屋港での取扱重量が多い輸出入貨物を表している。かつての日本が依存してきた，このような輸出入貨物の特徴がみられる貿易。

〔福島県・改〕

❸加工貿易

解説

輸出品に工業製品が多く，輸入品に原料や燃料が多くなっている。

表Ⅱ 名古屋港の輸出入貨物（2020年）

	輸出品	輸入品
第1位	完成自動車	液化天然ガス
第2位	自動車部品	衣類
第3位	内燃機関	原油
第4位	電気計測機器	絶縁電線・ケーブル

（データで見る名古屋港などより作成）

入試で差がつくポイント

Q 航空輸送によって輸出される貨物には，どのような特徴があるか。**表Ⅲ**と**表Ⅳ**を参考にし，重量と金額に着目して書きなさい。　〔富山県・改〕

表Ⅲ 輸出される貨物の重量と金額（2014年）

	重量（千トン）	金額（十億円）
航空輸送される貨物	965	18,973
海上輸送される貨物	285,850	54,120
合　計	286,815	73,093

（国土交通省「航空物流レポート」より作成）

表Ⅳ おもな輸出品目の金額の割合（2014年）

航空輸送される貨物 （%）

半導体等電子部品	18.0
科学光学機器	7.3
電気計測機器	3.0
その他	71.7

（「日本国勢図会 2015/16」より作成）

海上輸送される貨物 （%）

機械類	34.0
乗用自動車	17.3
鉄鋼	7.3
その他	41.4

（国土交通省「海事レポート」より作成）

 例：重量が軽く，重量あたりの金額が高い。

解説 **表Ⅲ**から，航空輸送によって輸出される貨物は，海上輸送で輸出される貨物よりも，重量あたりの金額が高いことが読み取れる。**表Ⅳ**から，航空輸送によって輸出される貨物は小型で軽量なものの割合が高く，海上輸送によって輸出される貨物は大型で重量があるものの割合が高いことが読み取れる。これらを総合して考えると，航空輸送によって輸送される貨物は，軽量かつ高価なものが多いということがわかる。

諸地域の暮らし

よくでる

❶ 熱帯地域などの一部で行っている，森林や
草原を焼きはらい，できた灰を肥料として
利用する農業。　　　　　　　　〔山口県・改〕

❷ 同じ場所にとどまらず，草や水を求めて家
畜とともに移動しながら家畜を飼育する
［　　　　　］が行われており，そのような
生活を行う人々は［　　　　　］民と呼ば
れている。　　　　　　　　　　〔大阪府・改〕

❸ ロシア連邦の東部のシベリア地方の建物に
高床の工夫がみられるのは，特有の土壌が
生活の熱などでとけ，建物が傾いたり，ゆ
がんだりすることを防ぐためである。この
特有の土壌。　　　　　　　　　〔岡山県・改〕

❶ 焼畑農業

❷ 遊牧

❸ 永久凍土

入試で差がつくポイント

Q 資料Ⅰはパプアニューギニアで見ら
れる住居である。資料Ⅰから読み取れ
ることにふれて，次の文の［　　　］
に当てはまる特徴を書きなさい。
〔三重県・改〕

資料Ⅰ

> パプアニューギニアで見られ
> る建物は，風通しをよくして暑
> さや湿気をやわらげるため，
> ［　　　　　］。

A 例：高床になっている。／床と地面の間に空間がある。

解説　パプアニューギニアは熱帯の地域に位置しているため，年間を通じて高温多湿に
なっていることをふまえて，資料Ⅰから住居に工夫している点を読み取る。

衣食住・宗教の違い

❶資料Ⅰがみられる地域として最も適当なものを，**略地図Ⅰ**中の**ア〜エ**から1つ選び，記号で答えなさい。

資料Ⅰ

〔島根県・改〕

略地図Ⅰ

❷キリスト教，仏教とともに三大宗教の1つとされ，唯一の神アッラーへの信仰やコーランに記された教えを大切にする，アラビア半島で生まれた宗教。 〔島根県・改〕

❸インドで最も多くの人々が信仰している宗教。 〔栃木県・改〕

❶ウ

ポイント
資料Ⅰはモンゴルの遊牧民の住居のゲルである。

❷イスラム教

ポイント
ムハンマドが開いた宗教。

❸ヒンドゥー教

入試で差がつくポイント

Q 観光客向けの地元食材を使用した料理のメニューを考える話し合いの中で，次のようなアドバイスがあった。なぜ，このようなアドバイスが行われたのか。その理由について，「宗教」という語を用いて簡潔に述べなさい。 〔山口県・改〕

【アドバイス】海外からの観光客のことも考えると，豚肉や牛肉など食材については，注意する必要があります。

A 例：宗教の決まりごととして，食べることのできない食品があるから。

解説 アドバイスの「豚肉」からイスラム教は豚をけがれた生き物とみなして肉を食べないこと，「牛肉」からヒンドゥー教は牛は神聖な生き物とみなして肉を食べないことを思い起こして，これらの共通点を見出すようにする。

世界と日本の資源・エネルギー

よくでる ❶グラフⅠで日本における輸入相手国の割合を，**グラフⅡ**で日本における自給率の推移を表している資源。　〔青森県・改〕

グラフⅠ

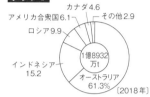

カナダ4.6
アメリカ合衆国6.1 ― ― その他2.9
ロシア9.9
インドネシア 15.2
1億8932万t
オーストラリア 61.3%
〔2018年〕

グラフⅡ

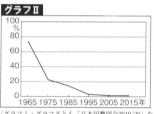

（グラフⅠ・グラフⅡとも「日本国勢図会2019/20」などより）

❷コバルトやプラチナなど，埋蔵量が非常に少ない金属や，純粋なものを取り出すことが技術的に難しい金属の総称。　〔栃木県・改〕

よくでる ❸日本近海に大量に存在するとされる資源で，天然ガスの一種であるメタンガスが水と結合して氷状になった鉱産資源。
〔和歌山県・改〕

❹石炭や石油のように，熱や動力のもとになる資源のことを［　　　　　］資源と呼び，その主力となる資源がかわり，産業や社会に大きな変化が生じることを［　　　　］革命と呼ぶ。　〔愛媛県・改〕

❶石炭

❷レアメタル
（希少金属）

❸メタンハイドレート

解説
海底の調査によって埋蔵が確認されている。

❹エネルギー

❺2011年の東日本大震災以降，日本での発電量が急激に減少した発電。　〔オリジナル〕

❺原子力発電

❻火山に近いことを利用して行われる発電。　〔富山県・改〕

❻地熱発電

❼資料Ⅰの発電設備が利用する自然エネルギー。　〔徳島県・改〕

❼太陽光

資料Ⅰ
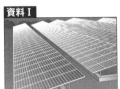

❽家畜のふんや生ゴミ，木材など，動植物から得られるエネルギーを利用する発電。　〔和歌山県・改〕

❽バイオマス発電

地理

歴史

公民

入試で差がつくポイント

Q 1956年に建設が開始された黒部ダムは，当時の金額で513億円，約7年の歳月をかけて建設された，日本最大級のダムである。当時，このような大規模なダムが建設された背景を，表Ⅰ，表Ⅱからわかることにふれて簡潔に書きなさい。

〔栃木県・改〕

表Ⅰ　日本の事業所数（製造業）	
	事業所数
1951年	166,347
1955年	187,101

（「総務省ホームページ」により作成）

表Ⅱ　日本の最大需要電力と供給能力		
	最大需要電力 （kw）	供給能力 （kw）
1955年	9,331	9,168

（「数字でみる日本の100年」により作成）

A 例：工業が発展し，当時の最大需要電力に供給能力が追いついていなかったこと。

解説 表Ⅰから製造業の事業所数が大きく増えて工業が発展しつつあったこと，表Ⅱから1955年の最大需要電力に対して電力の供給能力が追いついていなかったことが読み取れる。当時の日本は高度経済成長の初期の段階であり，電力不足によって工業が停滞しないようにするため，大工事を行って黒部ダムが建設された。

日本の農林水産業

❶野菜や果実などについて，温暖な気候など
を生かして出荷時期を早める栽培方法。
〔岐阜県・改〕

❶促成栽培

よくでる ❷大消費地の近くで野菜などの生産を行う農
業。　〔島根県・改〕

❷近郊農業

❸**資料Ⅰ**のような施設を利用して，花などを
生産する農業。　〔鹿児島県・改〕

資料Ⅰ

❸施設園芸農業
解説
資料Ⅰはビニールハウ
スを利用した菊の電照
栽培のようすである。

❹山の斜面などにつくられた階段状の水田は
［　　　］と呼ばれ，美しい景観の保存や環
境の保全にも役立っている。
〔三重県・改〕

❹棚田

よくでる ❺稚魚などを卵からかえしてある程度まで育
てた後，自然の海や川に放す漁業。
〔岡山県・改〕

❺栽培漁業

❻海や池などでいけすやいかだを使って，卵
や稚魚などを出荷できる大きさになるまで
育てる漁業。　〔香川県・改〕

❻養殖漁業
（養殖業）
ポイント
近年では，とる漁業か
ら育てる漁業への転換
が進められている。

思考力 ❼「農業の六次産業化」は，農家が第一次産業から第三次産業までのすべてに取り組む経営の多角化のことを指している。つまり，農家が農作物を育てるだけではなく，農作物を[　　　]ことまで行う，ということである。〔岡山県・改〕

❼加工して販売する（加工し，流通させ販売する）

ポイント
六次産業化は，農家の所得向上と地域経済の活性化を目指して推進されている。

  差がつく ❽魚介類などの国内消費量に占める国内生産量の割合のこと。〔長崎県・改〕

❽（食料）自給率

入試で差がつくポイント

Q **グラフⅠ**は，東京都中央卸売市場におけるきゅうりの取扱量と平均価格（2016年）を示している。また，**表Ⅰ**は，きゅうりの生育に適した気温と，きゅうりの主産地である宮崎市，福島市の平均気温を示している。

宮崎県が，平均価格の高い時期に，福島県よりも，きゅうりを多く出荷できる理由について，**表Ⅰ**から読み取れることにふれ，「ビニールハウス」，「暖房費」の2つの語を用いて簡潔に書きなさい。

〔栃木県・改〕

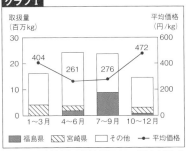

グラフⅠ

（「東京都中央卸売市場ホームページ」により作成）

表Ⅰ

○きゅうりの生育に適した気温　18～25℃

○宮崎市と福島市の平均気温（℃）

	1～3月	4～6月	7～9月	10～12月
宮崎市	9.3	19.7	26.3	14.4
福島市	3.0	16.1	23.4	9.5

（「気象庁ホームページ」ほかにより作成）

A 例：宮崎県は，福島県に比べ，冬でも温暖である。そのため，宮崎県では，ビニールハウスを暖める暖房費を抑えながら，冬にきゅうりを生産することができるから。

解説 表Ⅰから，宮崎市は福島市よりも平均気温が高く，冬でも温暖であることが読み取れる。また，きゅうりの生育に適した気温から，きゅうりは温暖な気候での栽培に向いていることがわかるため，他の地域の出荷量が少ないために平均価格が上がる冬にきゅうりを生産しても，温暖な宮崎市では，暖房費が少なくてすむと考えられる。

日本の工業と商業・サービス業

よくでる ❶関東地方から九州地方北部にかけてのびる
工業のさかんな帯状の地域。　〔和歌山県・改〕

❶**太平洋ベルト**
ポイント
複数の工業地帯・地域
が含まれている。

よくでる ❷**地図Ⅰの●の都市が形成する工業地域。**
〔北海道・改〕

❷**東海工業地域**
ポイント
静岡県南部を中心に広
がっている。浜松市で
はオートバイや楽器の
生産がさかん。

❸石油化学工業などでみられる，原料から製
品までを一貫して生産する工場の集団。
〔宮城県・改〕

❸**コンビナート**

❹福島の会津塗や岩手の南部鉄器など，地域
の特色を生かして，ものづくりを行う産業。
〔山口県・改〕

❹**地場産業**

❺岩手県の南部鉄器のように，その地域で
代々受け継がれてきた優れた技術によって
つくられ，国から指定を受けた実用品。
〔徳島県・改〕

❺**伝統的工芸品**

❻輸入国と輸出国の間で，貿易収支が不均衡
となり，国内の産業や社会に生じる問題。
〔滋賀県〕

❻**貿易摩擦**

❼ 製造業者や卸売業者から商品を買って，消費者に直接販売する事業。 〔山口県・改〕

❼ 小売業

❽ 商品の価格や在庫，発注などをコンピュータで管理し，商品の製造や流通において飛躍的な効率化を実現したシステム。 〔栃木県・改〕

❽ POS システム（販売時点情報管理システム）

入試で差がつくポイント

Q 日本の産業構造は，高度経済成長期と現在では**グラフⅠ**のように変化した。**グラフⅠ**の第二次産業の変化にふれた上で，**地図Ⅱ**，**地図Ⅲ**の比較からみえる，東京湾の豊洲における第二次産業に関する変化を，具体例をあげて30字以上，40字以内で説明しなさい。 〔島根県・改〕

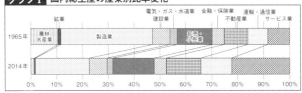

グラフⅠ 国内総生産の産業別比率変化

（「数字でみる日本の100年」「日本国勢図会2016/2017」より作成）

地図Ⅱ 2015年

（編集部注：41%に縮小して掲載）

地図Ⅲ 1967年

（編集部注：37%に縮小して掲載）

（地図Ⅱ，地図Ⅲは，国土地理院地形図「東京南部」より作成）

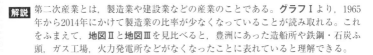

A 例：第二次産業の比率が減り，造船所，鉄鋼ふ頭などが，現在はなくなっている。

解説 第二次産業とは，製造業や建設業などの産業のことである。**グラフⅠ**より，1965年から2014年にかけて製造業の比率が少なくなっていることが読み取れる。これをふまえて，**地図Ⅱ**と**地図Ⅲ**を見比べると，豊洲にあった造船所や鉄鋼・石炭ふ頭，ガス工場，火力発電所などがなくなったことに表れていると理解できる。

日本の諸地域の調査

❶ 地域調査をする上での効果的な方法について述べた文として適切でないものを，次の**ア〜エ**の中から1つ選べ。

ア 調査テーマを決める前に，疑問点をカードなどに書き出して整理する。

イ 地域の変化の様子を読み取るために，新旧の地形図を比較する。

ウ 集めた情報は，著作権やプライバシーへの配慮をしないで自由に活用する。

エ 調査結果をレポートにまとめるときは，図表や写真，地図などを入れて工夫する。

〔青森県・改〕

思考力 ❷ 表Ⅰの**A〜C**の施設名の組み合わせとして正しいものを，下の**ア〜ウ**の中から1つ選べ。

〔茨城県・改〕

表Ⅰ 観光レクリエーション施設数（上位5都道府県）

A		B		C	
都道府県名	施設数	都道府県名	施設数	都道府県名	施設数
長野県	73	長崎県	64	大阪府	28
新潟県	30	千葉県	63	長野県	26
北海道	29	新潟県	61	千葉県	25
群馬県	21	福井県	58	北海道	20
岐阜県	17	鹿児島県	57	岡山県	14
全国	287	全国	1079	全国	382

（「データでみる県勢2020」より作成）

ア **A**−スキー場　**B**−海水浴場
　　C−テーマパーク・レジャーランド

イ **A**−テーマパーク・レジャーランド
　　B−海水浴場　**C**−スキー場

ウ **A**−スキー場　**B**−テーマパーク・レジャーランド　**C**−海水浴場

❶**ウ**

❷**ア**

ポイント

それぞれの観光レクリエーション施設に適した立地条件，**A〜C**の施設数の違いなどに着目して，総合的に考える。

世界の諸地域や国の調査

❶表Ⅰの5か国の中で人口密度が最も高い国は〔 **A** 〕であり，人口密度が最も低い国は〔 **B** 〕である。〔富山県・改〕

表Ⅰ

国名	人口 （万人）	面積 （万km²）
アメリカ	32,907	983
中 国	143,378	960
オーストラリア	2,520	769
イギリス	6,753	24
タ イ	6,963	51

（「世界国勢図会2019/20」より作成）

❶A：イギリス
B：オーストラリア

解説
人口密度は人口÷面積で求められる。

思考力 ❷表Ⅱの**ア〜エ**は，カナダ，アメリカ，メキシコ，日本のいずれかである。カナダを表す記号は〔 **A** 〕であり，日本を表す記号は〔 **B** 〕である。〔青森県・改〕

表Ⅱ

	人口 （万人）	穀物自給率 （％）	1人あたりの 国民総所得（ドル）
ア	32,907	126	61,274
イ	3,741	203	44,487
ウ	12,686	24	39,561
エ	12,758	69	8,688

（「世界国勢図会2019/20」などより作成）

❷A：イ
B：ウ

ポイント
アはアメリカ，**エ**はメキシコである。

❸表Ⅲをもとにつくる資料として最も適するものを，次の**ア〜エ**の中から1つ選べ。

表Ⅲ

輸出品	割合（％）
カカオ豆	27.9
野菜・果実	11.4
金（非貨幣用）	6.6
天然ゴム	6.6
石油製品	6.0
その他	41.5

（「世界国勢図会2019/20」より作成）

ア 円グラフ
イ 折れ線グラフ
ウ ドットマップ
エ 階級区分図

〔福島県・改〕

❸ア

解説
表Ⅲは，コートジボワールの輸出品と各輸出品の輸出総額に占める割合を表している。

地理

歴史

公民

地理の図の読み取り問題

よくでる ❶1955年から2015年までの世界の地域別人口の推移を示した**グラフⅠ**の**ア～エ**の中から，アジア州の人口の推移を示したものを1つ選べ。〔山口県・改〕

グラフⅠ

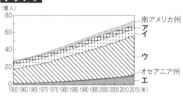

（億人）

南アメリカ州
ア
イ
ウ
オセアニア州
エ

1955 1960 1965 1970 1975 1980 1985 1990 1995 2000 2005 2010 2015(年)

（「世界の統計2018」より作成）

❶ウ

ポイント
アジア州には，中国やインドなど人口が多い国がいくつもある。

思考力 ❷扇状地について説明するときに使う模式図として最も適当なものを，次の**ア～エ**の中から1つ選べ。ただし，図中の⚓，‖は，地図記号である。〔愛媛県・改〕

ア

イ

ウ

エ

❷ア

ポイント
扇状地が形成される過程や土地利用から考える。なお，**ウ・エ**は三角州の模式図である。

❸2000年の値を100としたときの数値の変化を示した**グラフⅡ**に該当するものを，次の**ア～エ**の中から1つ選べ。〔長崎県・改〕

グラフⅡ

（指数）
500
400
300
200
100
0
2000 05 10 15(年)
（「日本国勢図会2018/19」などより作成）

ア 日本の消費者物価指数

イ 日本のインターネット利用者数

ウ 日本の漁業生産量

エ 日本への外国人観光客数

❸エ

ポイント
2010年から2015年にかけて数値が大きく上昇していることに注意して，**ア～エ**の中から記号を選ぶ。

第 **2** 章

歴史分野

開国と江戸幕府の滅亡

よくでる ❶1853年，江戸幕府に対して開国を求める国書を携え，4隻の軍艦を率いて浦賀に来航したアメリカ合衆国の使節。

〔大阪府〕

❶ペリー

よくでる ❷開国を求められた江戸幕府が，1854年にアメリカと結んだ条約。 〔長崎県・改〕

❷日米和親条約

❸日米和親条約によって下田とともに開港された港がある都市。 〔北海道〕

❸函館市

❹アメリカと結んだ ［　　　　　］ によって，函館・神奈川（横浜）・長崎・新潟・兵庫（神戸）の5港が貿易港として開かれた。

〔高知県・改〕

❹日米修好通商条約

❺日米修好通商条約が結ばれたときの江戸幕府の大老。 〔大阪府〕

❺井伊直弼

よくでる ❻日米修好通商条約は外国の ［ **A** ］ を認め，日本に ［ **B** ］ がない，日本にとって不平等な内容。 〔山口県・改〕

❻A：領事裁判権
　B：関税自主権

❼大老の井伊直弼によって，幕府の政策に反対した大名や公家などが処罰された事件。

〔千葉県〕

❼安政の大獄

ポイント
のちに桜田門外の変で井伊直弼は暗殺される。

❽江戸時代末期に一部の大名や公家，武士の間に広がっていた，朝廷の権威を高め，外国人を追い払うという考え。 〔徳島県〕

❽尊王攘夷

❾松下村塾で，多くの人材を育成したが，幕府の対外政策を批判したため，安政の大獄によって幕府から処罰された長州藩の人物。

〔愛媛県〕

❾吉田松陰

よくでる ❿薩長同盟の成立にかかわり，幕末から明治初期に活躍した長州藩出身の政治家。

〔山口県・改〕

❿木戸孝允
（桂小五郎）

ポイント
吉田松陰のもとで学び，倒幕運動に尽力した。

⓫大政奉還ののちに行われた，朝廷による天皇を中心とした新政府成立の宣言。

〔和歌山県〕

⓫王政復古の大号令

⓬1860年代末，東北地方などで起こった旧幕府側と新政府側との内戦。 〔沖縄県・改〕

⓬戊辰戦争

地理

歴史

公民

入試で差がつくポイント

Q 資料Ⅰは，1864年に幕府が出したきまりの一部である。幕府がこのきまりを出したのはなぜだと考えられるか，**資料Ⅰ**と**資料Ⅱ**をもとに，農民が桑を栽培した理由を含めて説明しなさい。 〔石川県〕

資料Ⅰ

近年，田に桑を植え付ける者が多くなっている。五穀をなくして蚕を育ててはならない。(略)田に新しく桑を植えてはならない。

(注) 五穀は米，麦，あわ，きび，豆のこと。(『大日本維新史料』より。表現はわかりやすく改めた)

資料Ⅱ 横浜での生糸の取り扱い数量と取り扱い額

年度	数量(単位:箇)		額(単位:両)	
	国内向け	貿易向け	国内向け	貿易向け
1857年	514	—	24,160	—
1863年	238	26,552	28,560	3,420,820

(『横浜市史』より作成)

A 例：開港によって生糸が輸出され，蚕のえさである桑の需要が高まり，農民は利益を求めて桑を栽培したが，幕府は年貢となる米の生産が減ることを恐れたから。

解説 資料Ⅱから，開港によって生糸の輸出が大きく増え，これにともない農民は利益を求めて蚕のえさとなる桑を栽培するようになったと考えられる。幕府の収入は，年貢として納められる米が大半を占めていたため，米の生産を減らさないように，**資料Ⅰ**のきまりを出して，蚕の飼育と桑の栽培を制限したと考えられる。

江戸幕府の成立と支配体制

よくでる ❶1600年に石田三成ら率いる西軍が東軍に敗れた戦いが行われた場所。
〔和歌山県・改〕

❶関ヶ原

❷日光東照宮に神としてまつられている，朝廷から征夷大将軍に任命され，江戸幕府を開いた人物。
〔北海道・改〕

❷徳川家康

よくでる ❸当時の幕府は，[A]と譜代大名を江戸周辺などに，[B]大名を江戸から遠くに配置した。
〔青森県・改〕

❸A：親藩（大名）
　B：外様

❹資料Ⅰは，海外に渡航することを認める証書であり，徳川家康が江戸幕府の将軍であったときに発行

資料Ⅰ

されたものである。この証書をもつ船によって行われた外国との貿易。
〔高知県・改〕

❹朱印船貿易
ポイント
資料Ⅰは朱印状。

❺日本の将軍が代わるごとに派遣されることになった朝鮮からの使節。
〔茨城県・改〕

❺（朝鮮）通信使
ポイント
朝鮮との国交は，対馬藩の努力によって回復した。

よくでる ❻1637～38年，キリシタンへの厳しい弾圧と，重い年貢の取り立てに抵抗した人々が，4か月にわたり幕府や藩の大軍と戦った一揆。
〔新潟県・改〕

❻島原・天草一揆
（島原の乱）

よくでる ❼島原・天草一揆が起こると，幕府はキリスト教の取り締まりをいっそう強めるとともに，1639年には〔　　　〕船の来航を禁止した。〔徳島県・改〕

❼ポルトガル

❽鎖国中にオランダとの貿易が行われた，平戸のオランダ商館を移した長崎港内の埋め立て地。〔大阪府・改〕

❽出島

ポイント
鎖国中はオランダ以外に中国と貿易を行った。

❾江戸幕府が大名を統制するために出したもので，将軍の代替わりごとに改正された法令。〔沖縄県・改〕

❾武家諸法度

よくでる ❿大名が1年おきに江戸と領地を往復することを定めた制度。〔富山県〕

❿参勤交代

⓫諸藩が年貢米や特産品を保管・販売するために，大阪などにおいた建物。〔山口県・改〕

⓫蔵屋敷

地理

歴史

公民

入試で差がつくポイント

Q 江戸時代に河川を利用した水運が発達した理由を**図1**をもとに書きなさい。また下野で河岸（川の港）が栄えたのはどのような場所か，**図2**をもとに書きなさい。〔栃木県・改〕

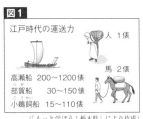

図1
江戸時代の運送力

人　1俵
馬　2俵

高瀬船　200～1200俵
部賀船　30～150俵
小鵜飼船　15～110俵

（『もっと学ぼう！栃木県』により作成）

図2
江戸時代の交通

― 街道
～ 河川
□ おもな河岸
○ おもな宿場

（「江戸とつながる川の道」ほかにより作成）

A （例）理由：船の輸送は，陸上の輸送よりも一度に大量のもの（米）を運ぶことができるから。場所：宿場や街道に近い場所。

解説 **図1**より，人や馬と比較すると水運による輸送力が大きいことがわかる。また**図2**からは，おもに河川沿いで栄えていた河岸は，街道沿いで栄えていた宿場と近い場所にあることが読み取れる。

中国・朝鮮・日本の統一

❶推古天皇の摂政として，十七条の憲法を定めた人物。 〔北海道〕

❶聖徳太子（厩戸皇子／厩戸王）

❷十七条の憲法に取り入れられている，孔子によって説かれた教え。 〔滋賀県・改〕

❷儒教（儒学）

❸優れた人材を役人に登用するため，聖徳太子が設けた制度。 〔栃木県・改〕

❸冠位十二階

❹中国の進んだ文化を取り入れようと，飛鳥時代に小野妹子などの使者を派遣した王朝。 〔オリジナル〕

❹隋

ポイント
派遣された人々を遣隋使と呼ぶ。

よくでる ❺公地・公民の方針を示した，中大兄皇子らが行った政治の改革。 〔静岡県・改〕

❺大化改新

ポイント
中大兄皇子はのちに天智天皇となる。

❻百済を助けるために大軍を送り，新羅と唐の連合軍に敗れた戦い。 〔富山県・改〕

❻白村江の戦い

よくでる ❼唐や新羅からの攻撃に備えて九州北部に送られた兵士。 〔茨城県・改〕

❼防人

よくでる ❽天智天皇の没後に起こったあとつぎをめぐる争い。 〔静岡県・改〕

❽壬申の乱

解説 大海人皇子と大友皇子の争い。

❾藤原京は，天武天皇の後に即位した［　　］がつくった，わが国最初の本格的な都である。 〔愛媛県・改〕

❾持統天皇

近世の文化

よくでる **❶** 豊臣秀吉に仕え，質素なわび茶の作法を完成させた人物。 〔岐阜県・改〕

❷ 出雲阿国が始めた，[　　　] は，現代でも多くの人に親しまれている伝統文化の原型となった。 〔栃木県・改〕

よくでる **❸** [　A　] 文化では，[　B　] が浮世草子に町人の生活を生き生きとえがき，[　C　] は人形浄瑠璃の脚本家として主に現実に起こった事件をもとに，義理と人情の板ばさみの中で懸命に生きる男女をえがいた。 〔茨城県・改〕

よくでる **❹** 資料Ⅰの絵の作者が確立したとされ，多色刷りの版画などとして民衆の間で人気が高まった，町人の風俗などをえがいた絵画。 〔岡山県・改〕

資料Ⅰ

よくでる **❺** 測量に基づく日本地図作成の中心となった人物。 〔長崎県・改〕

❻ 江戸を中心とした町人文化が発展した時期に，『東海道中膝栗毛』を著した人物。 〔大阪府・改〕

❼ 江戸時代に富士山を題材とした『富嶽三十六景』などの風景画をえがいた人物。 〔東京都・改〕

---

❶ 千利休

❷ かぶきおどり
ポイント
江戸時代には歌舞伎として演じられる。

❸ A：元禄
B：井原西鶴
C：近松門左衛門

❹ 浮世絵
解説
資料Ⅰは菱川師宣の肉筆画『見返り美人図』。

❺ 伊能忠敬

❻ 十返舎一九
ポイント
江戸を中心とした町人文化を化政文化という。

❼ 葛飾北斎

ヨーロッパ人の来航と織田信長の統一

❶16世紀中ごろには [　　　] 人を乗せた船が種子島（鹿児島県）に流れ着き，日本に鉄砲が伝えられた。　〔岐阜県・改〕

❶ポルトガル

❷ポルトガル人やスペイン人が来航するようになり，平戸（長崎県）や長崎などで行われた貿易。　〔青森県・改〕

❷南蛮貿易

 よくでる ❸南蛮貿易では，鉄砲や火薬のほか中国産の生糸などがもたらされ，日本は，当時の世界産出量の3分の1を占めていた [　　　] を輸出した。　〔栃木県・改〕

❸銀

❹日本にキリスト教を伝えた，1549年に鹿児島に上陸したカトリックの宣教師。　〔北海道・改〕

❹フランシスコ＝ザビエル（ザビエル）

❺日本での布教を許された宣教師フランシスコ＝ザビエルが所属していたカトリック教会内の組織。　〔山口県・改〕

❺イエズス会

❻キリスト教を信仰するようになった戦国大名。　〔オリジナル〕

❻キリシタン大名

❼織田信長が行った，安土城の城下町に対して，同業者の団体の廃止を命じるなど，商工業の発展をうながす政策。　〔静岡県・改〕

❼楽市令（楽市・楽座）

❽16世紀後半に織田信長により自治権が奪われた，日明貿易や南蛮貿易で繁栄し，有力商人による運営が行われていた大阪府の都市。　　　　　　　　　〔山口県・改〕

❽堺

よくでる ❾尾張の戦国大名であった織田信長が，1575年に鉄砲を有効に使った戦い方により，甲斐（山梨県）の武田勝頼を破った戦い。
〔青森県・改〕

❾長篠の戦い

ポイント
織田信長は足軽鉄砲隊を駆使して，武田氏を破った。

❿全国統一を目前としていた織田信長が，家臣の明智光秀によって自害に追い込まれた場所。　　　　　　　　　〔オリジナル〕

❿本能寺

入試で差がつくポイント

Q 織田信長が行った宗教政策を，**年表Ⅰ**，**資料Ⅰ**を参考にして，25字以内で答えなさい。ただし，「仏教」，「キリスト教」という2つの語を用いること。
〔島根県・改〕

年表Ⅰ	
1570年	信長と石山本願寺との戦いが始まる
1571年	信長が延暦寺を焼き討ちする
1574年〜1577年	信長が各地の一向一揆を鎮圧する
1580年	信長が石山本願寺を降伏させる

資料Ⅰ

A 例：敵対する仏教勢力を弾圧し，キリスト教を保護した。

解説 年表中の石山本願寺・延暦寺・一向一揆は「仏教」勢力である。また，**資料Ⅰ**は南蛮寺を表しており，これらのことから「キリスト教」が保護されていたことを読み取る。

でる度 ★★★★

中世の文化

よくでる ❶栄西が宋から伝えた仏教。 〔群馬県・改〕

❷時宗を開いた [　　　] は，念仏をすすめるために，念仏の札を配ったり，踊りを取り入れたりするなど，工夫をこらしました。 〔埼玉県・改〕

❸鎌倉時代に琵琶法師によって語られ，多くの人々に広まった作品。 〔栃木県・改〕

❹室町時代に，観阿弥・世阿弥親子が大成した演劇。 〔岐阜県・改〕

❺室町時代に水墨画である『秋冬山水図』をえがいた人物。 〔香川県・改〕

よくでる ❻**資料Ⅰ**の建物は，京都にあり，禅宗様式が見られる。この建物を建てた将軍。

資料Ⅰ 〔神奈川県・改〕

❼**資料Ⅱ**のような住居の様式。 〔石川県・改〕

資料Ⅱ

---

❶臨済宗

❷一遍

ポイント
一遍の広めた念仏を踊り念仏という。

❸平家物語

ポイント
武士の活躍をえがいた作品を軍記物（軍記物語）という。

❹能（能楽）

❺雪舟

❻足利義政

ポイント
資料Ⅰの建物は銀閣である。

❼書院造

ポイント
資料Ⅱの部屋は東求堂同仁斎である。

古代の文化

❶中国や朝鮮半島から須恵器などの道具や技術、また漢字などの文化を伝えた人々。 〔佐賀県・改〕

❷聖徳太子によって建てられた、現存する世界最古の木造建築。 〔栃木県・改〕

❸図Ⅰの大仏がある奈良県の寺院。〔栃木県・改〕

図Ⅰ

よくでる ❹仏教の教えを広めるため、唐から来日し、のちに唐招提寺を開いた人物。 〔山口県・改〕

差がつく ❺阿弥陀如来にすがれば、死後に極楽へ生まれ変わることができるという信仰（教え）。 〔静岡県・改〕

よくでる ❻最澄は、唐にわたり、仏教を学んだ。その後、比叡山に〔 A 〕を建てて、〔 B 〕を広めた。 〔三重県・改〕

よくでる ❼平安時代の代表的な文学作品の1つである『源氏物語』の作者。 〔栃木県・改〕

よくでる ❽『源氏物語』が著された時期の文化。 〔大阪府・改〕

---

❶渡来人

解説 仏教、儒教（儒学）、機織なども伝えられた。

❷法隆寺

❸東大寺

解説
聖武天皇によって建てられた。

❹鑑真

❺浄土信仰
（浄土教）

❻A：延暦寺
B：天台宗

ポイント
同時期に空海が真言宗を広めた。

❼紫式部

❽国風文化

でる度 ★★★★

人類の始まりと各地の文明

差がつく ❶**資料Ⅰ**はラスコーの壁画の一部である。この遺跡がある国。　〔兵庫県・改〕

資料Ⅰ

❶フランス

ポイント
人類の祖先である新人が洞くつに残した壁画の1つ。

❷エジプト文明が発展した河川。　〔大阪府・改〕

❷ナイル川

よくでる ❸**資料Ⅱ**は，くさび形文字である。この文字が用いられた，紀元前3500年ごろにチグリス・ユーフラテス川流域に誕生した文明。

資料Ⅱ

〔山口県・改〕

❸メソポタミア文明

❹紀元前2500～2300年ごろにアジアのある川の流域でおこった文明において使用され，印（印章）に刻まれている，いまだに解読されていない文字。　〔長崎県・改〕

❹インダス文字

❺紀元前1600年ごろに中国で殷という国がおこり，優れた青銅器や，漢字の起源となった［　　　　　　］がつくられた。
〔愛知県・改〕

❺甲骨文字

❻紀元前221年，始皇帝のもとで中国が統一
　されると，各地で異なっていた漢字の字体
　も統一された。その始皇帝のもとで中国を
　統一した王朝。　　　　　　　　　〔大阪府・改〕

❻秦(しん)

❼古代中国では，秦の始皇帝の時代に北方の
　遊牧民の侵入に備えて造られた［　　　　　］
　で，火をたいてのろしをあげていた。
　　　　　　　　　　　　　　　　　〔佐賀県・改〕

❼万里(ばんり)の長城

❽シルクロードを通って，中国から西方へは
　シルクと呼ばれる［　A　］が伝わり，西
　方から中国へは果物である［　B　］など
　がもたらされた。また，インドでおこった
　［　C　］が中央アジアを経て中国に流入し
　た。　　　　　　　　　　　　　　〔京都府・改〕

❽A：絹織物
　　　（絹，絹布）
　B：ぶどう
　C：仏教

❾地図Ⅰ中の記号A～Cに当てはまる古代文
　明の名称。　　　　　　　　　　　〔沖縄県・改〕

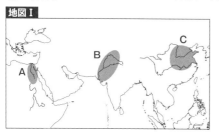

地図Ⅰ

❾A：エジプト文明
　B：インダス文明
　C：中国文明

解説

インダス文明はインダ
ス川流域，中国文明は
黄河や長江の流域で発
達した。また，エジプ
ト文明では象形文字が
使われた。

❿ヨーロッパを広く支配し
　た大帝国が紀元1世紀に
　つくった闘技場で，多く
　の市民が集まった資料Ⅲ
　のある都市。〔愛知県・改〕

資料Ⅲ

❿ローマ

解説

闘技場はコロッセオと
いう。

邪馬台国連合とヤマト政権

 よくでる ❶邪馬台国の女王の名前。　〔福島県・改〕

❷壱岐市「原の辻遺跡」は「一支国」の王都と考えられる大規模な集落跡で，[　　　]の女王卑弥呼が登場する中国の歴史書『魏志』の倭人伝に，「一支国」のことが記されている。　〔長崎県・改〕

❸**資料Ⅰ**は，金印のイラストである。1世紀半ばに，現在の福岡平野にあった倭の奴国の王にこの金印を授けたとされる国。　〔青森県・改〕

資料Ⅰ

❹邪馬台国の卑弥呼が魏より倭王の称号を授かることについて記されている歴史書。　〔富山県・改〕

❺中国や朝鮮から移住した渡来人が，多くの技術や仏教などを伝え，ワカタケル大王が，九州から関東にいたる各地の豪族を従えるようになった時代。　〔新潟県・改〕

❻大山古墳など，円形と方形を組み合わせた形をしている巨大な[　　　　]がつくられた。　〔富山県・改〕

---

❶卑弥呼

❷邪馬台国

❸後漢
ポイント
この金印には「漢委奴国王」と刻まれている。

❹魏志倭人伝

❺古墳時代（大和時代）

❻前方後円墳
ポイント
大仙（山）古墳は仁徳天皇の墓と伝わり，大阪府の堺市に位置している。

❼資料Ⅱは埼玉県の古墳から出土した鉄剣である。この鉄剣に刻まれているワカタケルという人物名に続く空欄に入る語句。

〔兵庫県・改〕

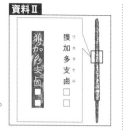

資料Ⅱ

獲加多支鹵
□
□

獲加多支鹵（ワカタケル）

❽各地の古墳から出土している武具などを身につけた人形。

〔岡山県・改〕

❾大陸から稲作とともに金属器である青銅器や〔　**A**　〕や〔　**B**　〕も伝えられた。〔　**A**　〕はおもに農具の刃先や武器，工具などに使用された。銅鐸や銅鏡などの〔　**B**　〕はおもに稲作に関する祭りなどに利用された。

〔大阪府・改〕

❼大王（おおきみ）

ポイント

資料Ⅱの鉄剣は埼玉県の稲荷山古墳から出土した。

❽埴輪（はにわ）

❾A：鉄器（てっき）
B：青銅器（せいどうき）

入試で差がつくポイント

Q 　右の**資料Ⅲ**は，ワカタケル大王（倭王武）が中国南朝の宋の皇帝に送った手紙の一部です。**資料Ⅲ**中の傍線部の内容からわかることをもとに，ワカタケル大王（倭王武）が宋に使いを送った理由を説明しなさい。

〔埼玉県〕

資料Ⅲ

倭王武の手紙（部分要約）
　わたしの祖先は、自らよろいやかぶとを身につけ、山や川をかけめぐり、東は五十五国、西は六十六国、さらに海をわたって九十五国を平定しました。しかしわたしの使いが陛下のところに貢ぎ物を持っていくのを、高句麗がじゃまをしています。今度こそ高句麗を破ろうと思いますので…

（宋書倭国伝）

A 　例：中国の宋の皇帝から，倭の王としての地位と，朝鮮半島での立場とを認めてもらうため。

解説 **資料Ⅲ**中の傍線部から，ワカタケル大王（倭王武）は朝貢をしようとしていたことがわかる。朝貢とは，中国の皇帝に対して周辺諸国が貢ぎ物を贈ることである。朝貢によって，中国の皇帝は貢ぎ物を贈った者をさまざまな地域の国王として認め，その者の権威を高めることにつながった。また，傍線部のあとに「高句麗がじゃまをしています。」と書かれていることから，朝鮮半島に進出して，北部の高句麗と対立していたことが読み取れる。

平城京と中央政治の乱れ

❶710年，奈良盆地の北部に，唐の都の長安（西安）にならって造られた律令国家の新しい都。　〔岐阜県・改〕

❶平城 京（へいじょうきょう）

よくでる ❷仏教の力に頼って国家を守ろうと考え，国ごとに国分寺と国分尼寺を建てた天皇。　〔岐阜県・改〕

❷聖武天皇（しょうむてんのう）

❸唐の法律にならって，刑罰のきまりである［　A　］と政治のきまりである［　B　］を定め，これに基づいて政治を行うことで，天皇を頂点とする国家づくりを目指した。　〔富山県・改〕

❸A：律
　B：令（りょう）

❹律令国家による支配下では，地方は多くの国に区分され，国には中央から派遣された［　　　］と呼ばれる役人が置かれた。　〔福島県・改〕

❹国司（こくし）

ポイント
郡司（ぐんじ）は地方の豪族から任命された。

❺戸籍に基づき，6歳以上の男女に土地が与えられ，その人が死亡したときは国に返さなければならない制度。　〔徳島県・改〕

❺班田収授法（はんでんしゅうじゅのほう）

❻班田収授法（はんでんしゅうじゅのほう）により6歳以上の男女に支給する農地。　〔神奈川県・改〕

❻口分田（くぶんでん）

よくでる ❼一定の条件のもとで，新しく切りひらいて田畑にした土地をいつまでも私有することを認めた法令。　〔新潟県・改〕

❼墾田永年私財法（こんでんえいねんしざいのほう）

ポイント
この法令により公地（こうち）・公民（こうみん）の体制が崩れた。

よくでる ❽朝廷は，口分田が不足してくると墾田永年私財法を出して，開墾した土地の私有権を認めた。これにより貴族や寺社などが広げていった私有地。　〔石川県〕

❽荘園

よくでる ❾口分田を与えられた人々に，与えられた口分田の面積に応じて，課せられた税。　〔静岡県・改〕

❾租

解説
収穫高の約3%の稲を納めた。

❿律令制のもとで男子のみ課せられた，年間60日以下の地方での労役。　〔オリジナル〕

❿雑徭

⓫東大寺は，平城京に都が置かれていた[　　　]時代に建てられた。　〔北海道・改〕

⓫奈良

⓬律令国家のしくみとして，中央と地方を結ぶ道路が整備された。役人は，道路に設置された[　　　]を利用して，都と諸国の間を行き来した。　〔栃木県・改〕

⓬駅（駅家）

 入試で差がつくポイント

 Q　聖武天皇は，国ごとに国分寺と国分尼寺を，都には東大寺を建て，大仏をつくらせた。これらはどのような目的で行われたのか。その目的を簡単に書け。　〔香川県・改〕

 A　例：仏教の力により，政治や社会の不安を取り除き，国家を守るため。

解説　聖武天皇は，仏教を利用して国を安定させるという鎮護国家の思想を持っていた。その背景に，当時は貴族の反乱や伝染病の拡大によって社会が不安定になっていたことがある。国分寺・国分尼寺や東大寺の造営は，人々の不安を取り除くための事業であった。

鎌倉幕府の成立と発展

よくでる ❶ 金や馬の交易で栄えた奥州藤原氏を滅ぼした人物。　〔滋賀県・改〕

❶ 源 頼朝

解説 頼朝は朝廷より征夷大将軍に任命され，鎌倉幕府を開く。

よくでる ❷ 源 義経は，兄の源頼朝の命令で平氏打倒のための兵を率いて戦い，1185年，[**A**]の戦いで平氏を滅ぼした。その後，源義経は，兄の源頼朝と対立すると，当時，[**B**]を中心地として栄えていた奥州藤原氏のもとへ逃亡した。　〔大阪府・改〕

❷ A：壇ノ浦
B：平泉

よくでる ❸ **資料Ⅰ**は将軍と御家人との主従関係をまとめている。(**※**)に当てはまる語句。　〔滋賀県・改〕

資料Ⅰ

❸ 御恩

解説
御恩とは，将軍が御家人に領地を保証したり，役職をあたえたりすることである。

❹ 御家人が京都や鎌倉の警備についたり，合戦に参加したりする義務。　〔栃木県・改〕

❹ 奉公

よくでる ❺ 源頼朝は，国ごとに守護を，荘園や公領ごとに [　　] を置くことを朝廷に認めさせ，鎌倉に幕府を開いて武家政権を立てた。　〔岐阜県・改〕

❺ 地頭

❻ 源 実朝の死後，後鳥羽上皇が1221年に幕府をたおすために兵をあげた反乱。　〔香川県・改〕

❻ 承久の乱

解説
後鳥羽上皇はこの乱で敗れ，隠岐に流された。

❼鎌倉幕府は，承久の乱の後，京都に[　　　]を置いて朝廷を監視した。

〔岐阜県・改〕

❼六波羅探題

❽鎌倉時代の1232年に制定された，御家人の権利や義務などの武士の慣習や，裁判の基準についてまとめた法律。　〔山口県〕

❽御成敗式目（貞永式目）

 よくでる ❾御成敗式目（貞永式目）を制定した人物。

〔兵庫県・改〕

❾北条泰時

ポイント
鎌倉幕府の3代執権。

❿寺社の門前や交通の便利なところに開かれていた，月に三度の市。　〔青森県・改〕

❿三斎市（定期市）

入試で差がつくポイント

Q 資料Ⅱは，御成敗式目の一部を要約したもの，資料Ⅲは，鎌倉時代後期に，ある荘園の支配について，荘園領主と地頭が結んだ契約文書の一部を要約したものである。資料Ⅲの契約が結ばれたことで，荘園に対する地頭の権限が強まった。荘園に対する地頭の権限は，どのように強まったか。資料Ⅱと資料Ⅲから読み取れる，契約を結ぶ前と結んだ後のそれぞれの地頭の権限がわかるように，簡単に書きなさい。　〔静岡県・改〕

資料Ⅱ

地頭が，年貢を差しおさえているということで，荘園領主からの訴えがあれば，地頭は，すぐに決算をして，荘園領主の点検を受けなさい。訴えが本当だったならば，すぐに弁償しなさい。

（『御成敗式目』より，一部を要約）

資料Ⅲ

神崎荘の領主である高野山の金剛三昧院の代理人と，地頭の代官との間の土地管理についての争いは，裁判となったが，和解することとする。田畠，山川以下の現地の土地は，荘園領主と地頭が分割し，それぞれが支配をする。

（『金剛三昧院文書』より，一部を要約）

（注）　神崎荘は，現在の広島県にあった荘園。金剛三昧院は，高野山金剛峯寺の中の寺院。

A 例：地頭は，年貢を取り立てていたが，土地の支配もするようになった。

解説 資料Ⅱの御成敗式目は，鎌倉時代前期の1232年に制定されたものであることを念頭に置いて，資料Ⅲとの内容の相違点を読み取る。資料Ⅱでは地頭による年貢の差しおさえを禁止しているが，資料Ⅲでは地頭が荘園の半分を支配するようになった。これは荘園における地頭の支配が大きくなったためである。

地理

歴史

公民

蒙古襲来と鎌倉幕府の滅亡

よくでる ❶モンゴル帝国の都を大都（現在の北京）に移し，国号を元と定めたフビライは，日本を従えようと，使者を送ってきた。このときの将軍の補佐役を務める地位。

〔福島県・改〕

❷モンゴル帝国の皇帝となった［　**A**　］は都を大都（現在の北京）に移し，国号を元と定めた。［　**A**　］は，日本を従えようと使者を送ったが，鎌倉幕府の執権の［　**B**　］が要求を拒否したため，1274（文永11）年に文永の役が起こった。　〔茨城県・改〕

❸二度にわたる［　**A**　］の襲来の際に，御家人たちは自ら費用を負担して戦ったが，幕府から十分な恩賞が与えられず，困窮する者が増加した。そこで，幕府は，御家人たちの救済のため，［　**B**　］という法令を出した。　〔静岡県・改〕

よくでる ❹資料Ⅰは，蒙古襲来のあと，鎌倉幕府が特定の人たちを救うために出した法令の一部である。資料Ⅰ中の［　　　］に共通して当てはまる特定の人たち。　〔青森県・改〕

資料Ⅰ 〈永仁の徳政令〉
　領地の質入れや売買は，［　　　　　］の生活が苦しくなるもとなので，今後は禁止する。
…［　　　　　　　］以外の武士や庶民が［　　　　　］から買った土地については，売買後の年数にかかわりなく，返さなければならない。

---

❶執権

❷A：フビライ
（フビライ＝ハン）
B：北条時宗
ポイント
1281年には弘安の役が起こった。

❸A：元（モンゴル，（蒙古）
B：（永仁の）徳政令
ポイント
幕府からの恩賞を御恩という。

❹御家人

❺元を訪れ，『世界の記述（東方見聞録）』の中で日本を「黄金の国ジパング」と紹介したイタリア人。　〔和歌山県・改〕

❺マルコ＝ポーロ

よくでる ❻資料Ⅱは後醍醐天皇が政治を行っていた頃の，政治や世の中の混乱を表している。この当時，後醍醐天皇が自ら行った政治。　〔青森県・改〕

資料Ⅱ

> このごろ都ではやっているものは，夜襲，強盗，にせの天皇の命令。囚人，急使を乗せた早馬，たいしたこともないのに起こる騒動。

❻建武の新政

解説
資料Ⅱは，二条河原落書である。

❼鎌倉幕府の倒幕を目指した後醍醐天皇に協力した後，京都に幕府を開いた人物。　〔愛媛県・改〕

❼足利尊氏

解説
足利尊氏らは兵をあげて建武の新政を崩した。

❽足利尊氏は京都に新たに天皇を立て，後醍醐天皇が［　　　　　］にのがれたので，2つの朝廷が生まれた。京都方を北朝，［　　　　］方を南朝と呼んだ。　〔埼玉県・改〕

❽吉野

ポイント
南北朝の動乱が続いた約60年を南北朝時代という。

地理

歴史

公民

入試で差がつくポイント

Q 資料Ⅲは当時の領地の相続の様子を模式的に表したものである。鎌倉時代後期に，御家人の生活が苦しくなった理由を，資料Ⅲに着目して，簡潔に書きなさい。　〔群馬県・改〕

資料Ⅲ

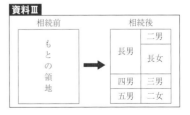

相続前	相続後	
もとの領地	長男	二男
		長女
	四男	三男
	五男	二女

A 例：分割相続で，領地が小さくなったため。

解説 資料Ⅲより，相続前のもとの領地は1人が支配していたこと，そして分割相続によって領地が細分化されたことが読み取れる。分割相続をくり返すと，領地が小さくなり，収入も少なくなるので，御家人は窮乏していった。

ルネサンス・宗教改革と大航海時代

❶1492年，スペインの援助を受け，インドなどのアジアを目指し，大西洋を横断し，西インド諸島に到達した人物。 〔栃木県・改〕

❷ポルトガルのバスコ = ダ = ガマが開いた新航路として正しいものを，**地図Ⅰ**中の**ア〜エ**から1つ選べ。 〔兵庫県・改〕

地図Ⅰ

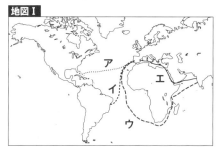

❸**地図Ⅱ**中の▭で示す地域を征服した国は，ポトシ銀山を開発し，銀を貿易の取引に用いた。**地図Ⅱ**中の▭で示す地域を16世紀前半に征服した国。 〔島根県・改〕

地図Ⅱ

❶コロンブス

❷**ウ**

解説

バスコ = ダ = ガマはインドへの航路を開いた人物。

❸**スペイン**

ポイント

大航海時代には，スペインやポルトガルが航海士を援助し，そこで新たな大陸を見つけることとなった。

❹高度な石造建築の技術を用いて作られた遺跡があり，また独自の文明をもち，栄えていたが，スペインによって征服された南アメリカ大陸にあった国。　〔愛知県・改〕

❺大航海時代にヨーロッパ人が大西洋に進出した目的の1つに，[　　　]を世界に広めることがある。　〔青森県・改〕

❻ルターやカルバンが，ローマ教皇の方針を批判し，聖書の教えに立ち返ろうとしたヨーロッパでの改革。　〔岐阜県・改〕

❼宗教改革の動きに対抗して，キリスト教のうち[　　　]の信仰を広めるために多くのイエズス会宣教師も各地に派遣された。　〔兵庫県・改〕

❹インカ帝国
ポイント
インカ帝国の遺跡に世界遺産にもなっているマチュ゠ピチュがある。

❺キリスト教

❻宗教改革
解説
カトリック教会が免罪符の販売を行ったことを批判した。

❼カトリック
ポイント
宗教改革で登場した，聖書に信仰のよりどころを置く人々をプロテスタントと呼ぶ。

入試で差がつくポイント

Q 16世紀のヨーロッパでは，ルターらによって宗教改革が始まった。この宗教改革の動きに対し，カトリック教会においても改革が行われたが，改革の中心となったイエズス会は，カトリックの勢力回復を目指してどのような活動を行ったか，「アジア」の語を使って，簡潔に書け。　〔高知県・改〕

A 例：宣教師がアジアでキリスト教を布教した。

解説 ルターらがカトリック教会の腐敗を批判したことから，新しくプロテスタントの勢力が生まれた。これを宗教改革という。この動きに対抗するためにカトリック教会が結成したイエズス会は，海外への布教によって勢力の挽回を図った。ここでは「アジア」が指定語句になっているので，アジアにおけるイエズス会の活動について述べる。

豊臣秀吉の天下統一

❶安土桃山時代に，太閤検地や刀狩を行い，大阪城を築いた人物。 〔北海道・改〕

❶豊臣秀吉

❷豊臣秀吉が1588年に行った，一揆の発生を防ぐことや兵農分離を進めるための法令の中の農民などから武器を取り上げる政策。 〔高知県・改〕

❷刀狩

❸豊臣秀吉が行った検地。 〔大阪府・改〕

❸太閤検地

よくでる ❹豊臣秀吉は検地を行い，その結果，土地の収穫量を表す基準が定められた。この基準。 〔青森県・改〕

❹石高

ポイント
太閤検地を行い年貢の安定化を図った。

❺豊臣秀吉が，太閤検地において，派遣した役人に調べさせたこと。 〔静岡県・改〕

❺田畑の面積
（土地の良し悪し）

❻豊臣秀吉が刀狩や検地を行うことによって，武士や百姓の身分の区別を明確にしたこと。 〔宮城県・改〕

❻兵農分離

❼豊臣秀吉は明の征服を目指して，[　　]へ軍を2回派遣した。 〔オリジナル〕

❼朝鮮

入試で差がつくポイント

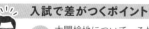

Q 太閤検地について，これにより，公家や寺社はどのような影響を受けたか。「検地帳」という語句を用いて，50字以内で書きなさい。 〔新潟県・改〕

A 例：検地帳には，土地を実際に耕作している農民が記録され，公家や寺社は，持っていた土地の権利を失った。

解説 太閤検地では，全国の土地の良し悪しや田畑の面積を調べ，予想される収穫高を統一された基準である石高で表した。土地の権利は検地帳に記された農民にのみ認められ，公家や寺社の土地の権利を否定した。

明治維新

 よくでる ❶資料Ⅰで述べられている政策。〔和歌山県・改〕

資料Ⅰ
一 広ク会議ヲ興シ,万機公論ニ決スヘシ
一 上下心ヲ一ニシテ,盛ニ経綸ヲ行フヘシ
一 官武一途庶民ニ至ル迄,各其志ヲ遂ケ,人心ヲシテ倦マサラシメンコトヲ要ス
一 旧来ノ陋習ヲ破リ,天地ノ公道ニ基クヘシ
一 智識ヲ世界ニ求メ,大ニ皇基ヲ振起スヘシ

❶五箇条の誓文

解説
この誓文は天皇が神に誓う形で出された。

❷江戸幕府が倒れ,政治・経済・社会の近代化を目指して進められた一連の改革。
〔沖縄県・改〕

❷明治維新

❸政府は,1871年に[　　　]を行い,各県や府を,政府が任命した役人に治めさせた。
〔岐阜県・改〕

❸廃藩置県

❹6歳以上の男女すべてに小学校教育を受けさせることとした,政府が1872年に定めた法。〔和歌山県・改〕

❹学制

❺明治になり,国家財政を安定させるため,地券を発行し,所有する土地に応じて現金で税を納めさせることにした新政府による改革。〔佐賀県・改〕

❺地租改正

解説
地価の3%の税を現金で納めることとした。

よくでる ❻明治政府が欧米の列強に対抗するために進めた政策。〔富山県・改〕

❻富国強兵

❼満20歳になった男子に3年間の兵役を義務づける法令。〔香川県・改〕

❼徴兵令

地理

歴史

公民

89

❽明治時代になると政府は東京のち北海道に[　　　]という役所を置き，屯田兵らによる大規模な開墾などを行った。

〔岐阜県・改〕

❽開拓使（かいたくし）

❾1872年操業開始。わが国の軽工業の発展を支え，2014年に世界遺産（文化遺産）の構成要素として登録された。殖産興業政策を進める明治政府が設置した官営模範工場。

〔岡山県・改〕

❾富岡製糸場（とみおかせいしじょう）

解説
群馬県富岡市にある。

❿富岡製糸場は，「富国強兵」を目指し，近代的な産業を育成するために建設された。このような近代的な産業の育成を図る政策。

〔北海道・改〕

❿殖産興業（しょくさんこうぎょう）（政策）

解説 この政策は欧米諸国に日本も進んだ文明国であることを示す意図があった。

⓫1871年，明治政府は欧米諸国に使節団を送った。この使節団の全権大使をつとめた人物。

〔長崎県・改〕

⓫岩倉具視（いわくらともみ）

解説
この使節団には，津田梅子などもいた。

入試で差がつくポイント

Q 「お雇い外国人」とは，明治政府などが雇った外国人のことであり，高い月給が支払われる場合があった。明治政府などが「お雇い外国人」を雇った理由を，表Ⅰを参考にして，20字以上，30字以内で説明しなさい。

〔島根県・改〕

表Ⅰ おもな「お雇い外国人」の給与待遇

国 名	人物名	役 職 な ど	月 給
イギリス	キンドル	造幣寮支配人（貨幣鋳造の指導）	1045円
フランス	ブリュナ	富岡製糸場教師（建設の指導）	600円
アメリカ	フェノロサ	東京大学教師（政治学，哲学の指導）	300円

※当時の日本の小学校校長の月給は，約10円である。
（「御雇外国人一覧」などより作成）

A 例：欧米の技術や学問などを取り入れ，近代化を進めるため。

解説 表Ⅰ中の3人の役職の内容に注目すると，技術や学問の指導者であったことがわかる。明治政府は欧米の制度や知識を取り入れて殖産興業や文明開化をおし進め，日本を近代国家にしようと努力していた。

立憲国家の成立

 よくでる ❶政府の改革に不満をもつ士族たちが，明治六年の政変で明治政府から離れていた[　　　]をおし立てて政府軍と戦った。

〔愛媛県・改〕

❷**資料Ⅰ**は，江華島事件の翌年に，日本と朝鮮の間で結ばれた条約の一部である。この条約。

〔青森県・改〕

資料Ⅰ

> 第1条　　朝鮮国は自立した国であり，日本国と平等の権利を持っている。…
>
> 第10条　　日本国の人民が，朝鮮国の開港地に在留中に罪をおかし，朝鮮国の人民と交渉が必要な事件は，すべて日本国の領事が裁判を行う。
>
> 第11条　　両国は，別に通商に関するきまりを定め，両国の商人の便を図る。これから6か月以内に両国別に委員を任命し，話し合う。

❸明治新政府の改革に不満をもつ士族たちによる，鹿児島の士族などが起こした大規模な反乱。

〔香川県・改〕

 よくでる ❹明治政府に対して，中心となって国会の早期開設を求め，民撰議院設立の建白書を提出した人物。

〔山口県・改〕

❺板垣退助らが，政府の専制政治を批判し政府に提出した意見書。

〔群馬県・改〕

よくでる ❻民撰議院設立の建白書の提出をきっかけとして始まった運動。

〔山口県・改〕

---

❶西郷隆盛

> **ポイント**
> 明治六年の政変では，征韓論を唱えていた人々が政府と分裂し立ち去った。

❷日朝修好条規

> **ポイント**
> この条約は不平等条約である。
> また，江華島事件は，1875年に朝鮮の沿岸を無断で測量していた日本の軍艦が，朝鮮から砲撃されたことにより起こった武力衝突。

❸西南戦争

> **解説** 西郷隆盛らは政府軍によって鎮圧された。

❹板垣退助

❺民撰議院設立の建白書

❻自由民権運動

地理

歴史

公民

91

❼ 1880年に大阪で結成され，国会の開設を政府に強く求めた組織。 〔愛媛県・改〕

❼国会期成同盟

解説 もとの愛国社。

❽ 1881年に結成された板垣退助を党首とする政党。 〔佐賀県・改〕

❽自由党

❾ 自由民権運動は政党の結成へと進み，[　　　　]は立憲改進党をつくり，その党首となった。 〔埼玉県・改〕

❾大隈重信

解説 憲法の即時制定と国会の早期開設を主張していた。

❿ 1885年内閣制度ができたとき，初代内閣総理大臣となった人物。 〔和歌山県・改〕

❿伊藤博文

解説 憲法の草案づくりにも携わった。

 よくでる **⓫** [　　　　]は，衆議院と貴族院の二院で構成されていたが，衆議院議員のみが選挙で選ばれた。 〔愛知県・改〕

⓫帝国議会

入試で差がつくポイント

Q 夏夫さんは，大日本帝国憲法に定められている帝国議会について調べる中で，**資料Ⅱ**，**資料Ⅲ**を見つけ，帝国議会が開設されるまでと，開設された後では政治の進め方が変わったことがわかりました。どのように変わったのか。
資料Ⅱ，**資料Ⅲ**を見て，「選挙」，「憲法」の両方の語を用いて書きなさい。 〔滋賀県・改〕

資料Ⅱ
新政府における太政官の出身別構成割合

(1871年8月)

その他4.8%

公家 28.6%	薩摩 19.0%	土佐 19.0%	長州 14.3%	肥前 14.3%

（「日本官僚制総合事典」より作成）

資料Ⅲ
大日本帝国憲法第35条に示された内容

衆議院は，選挙法の定めるところにより，公選された議員によって組織する

A 新政府では，一部の藩や公家の出身者により政治が行われていたが，憲法に衆議院議員の選挙が定められたことにより，国民が国の政治に参加できるようになった。

解説 明治時代初期の最高官庁である太政官は，**資料Ⅱ**からわかるように，一部の藩や公家の出身者の割合が大きかった。このために当時の政府は藩閥であると批判され，自由民権運動でも藩閥政治の打破が主張された。**資料Ⅲ**に定められた衆議院議員の選挙は，国民の政治参加への道を開くものだった。

日清・日露戦争

❶不平等条約の見直しにつながった日英通商航海条約が締結されたときの日本の外務大臣。　〔石川県・改〕

差がつく ❷日本の世界遺産（文化遺産）の構成要素である八幡製鉄所は，ある戦争でわが国が得た賠償金をもとに建設された。日本が賠償金を得たこの戦争の名。　〔北海道・改〕

❸わが国が遼東半島や台湾などをゆずられることになった日清戦争の講和条約。　〔岡山県・改〕

❹日清戦争の講和条約が結ばれた後，ロシアがフランス・ドイツとともに，日本が獲得した遼東半島を清に返還するように要求してきたこと。　〔徳島県・改〕

❺日露戦争が始まる前の清で起こった，外国の勢力を排除しようとする民衆が北京の各国公使館を包囲した事件。　〔愛媛県・改〕

❻日露戦争に出兵した弟を思ってつくられた詩である，「君死にたまふことなかれ」の作者。　〔三重県・改〕

❼1911年，日米通商航海条約で関税自主権の完全回復に成功した日本の外務大臣。　〔オリジナル〕

❶陸奥宗光
解説
領事裁判権の撤廃に成功した。

❷日清戦争

❸下関条約
ポイント
日清戦争の講和条約は日本で結ばれた。

❹三国干渉
解説
清に返還した後，日本ではロシアに対抗する感情が強くなった。

❺義和団事件
解説
ロシアは事件後も満州に大軍をとどめたため，日本・イギリスと対立した。

❻与謝野晶子
解説
作者はロマン主義を代表する女流作家。

❼小村寿太郎

地理

歴史

公民

❽ヨーロッパで勢力を拡大したドイツに対抗するために，日露戦争後，イギリスとロシアとフランスの間で成立した協力関係。

〔山口県・改〕

❾樺太の南半分や，旅順・大連の租借権，また韓国における日本の優越権などが認められたが，賠償金は得られなかった日露戦争の講和条約。

〔オリジナル〕

❿産業革命が進む中で，政府から鉱山や工場の払い下げを受けた企業の中には，金融，貿易，鉱工業などの事業を多角的に経営して，日本の経済を支配する [　　　] に成長していくものもあった。

〔愛知県・改〕

⓫栃木県の足尾銅山から流出した鉱毒の被害を受けた住民とともに銅山の操業停止や被害者の救済を訴えた，栃木県選出の衆議院議員。

〔大阪府・改〕

❽三国協商

ポイント

ドイツ・オーストリア・イタリアの三国同盟と対立した。

❾ポーツマス条約

ポイント

賠償金が得られなかったことで日比谷焼き打ち事件が起こった。

❿財閥

ポイント

代表的な例として，三井・三菱・住友・安田などがあげられる。

⓫田中正造

入試で差がつくポイント

Q 日本が近代化をおし進めて法の整備や国家のしくみを整えようとした目的について，年表を参考にしながら，次の2つの語句を用いて書きなさい。　〔福島県・改〕

不平等　対等な関係

年	おもなできごと
1858	日米修好通商条約が結ばれる
1871	岩倉使節団が派遣される
1885	内閣制度ができる
1889	大日本帝国憲法が発布される
1890	第1回帝国議会が開かれる
1894	領事裁判権が撤廃される
1911	関税自主権が完全に回復される

A 例：日本は，幕末に結ばれた不平等な条約を改正して，欧米諸国と対等な関係を築こうとしたため。

解説 2つの指定の語句のうち，「不平等」は年表中の日米修好通商条約が不平等条約であったことを読み取る。この条約では相手国の領事裁判権を認めたが，日本には関税自主権がなかった。年表中の岩倉使節団の交渉が失敗した後，日本は内閣制度の創設や憲法の制定，国会の開設を行って近代国家になったことを欧米諸国に示して条約の改正を成功させ，互いに「対等な関係」を築こうとした。

第一次世界大戦と日本

❶1910年代に日本で重化学工業が発展した要因の1つに，この時期に外国から船舶などの注文が増えたことがあげられる。このことのきっかけとなったヨーロッパをおもな戦場とする大規模な戦争。 〔岡山県・改〕

よくでる ❷第一次世界大戦前のバルカン半島は，列強の利害対立と，民族や宗教の争いが複雑にからみあい紛争が絶えなかったことから，何と呼ばれていたか。 〔山口県・改〕

❸第一次世界大戦において，日本は1902年に結んだ同盟を理由の1つとして，連合国側に加わり，参戦した。この同盟。 〔静岡県・改〕

❹第一次世界大戦が始まった翌年に，日本の政府が中国政府に示した**資料Ⅰ**の文書の名称。 〔新潟県・改〕

資料Ⅰ

一， 中国政府は，ドイツが山東省に持っている一切の権益を日本にゆずる。
一， 日本の旅順・大連の租借の期限，南満州鉄道の期限を99か年延長する。

❺1917年，[　　　]で革命が起こり，5年後に世界初の社会主義国家が誕生した。 〔富山県・改〕

---

❶第一次世界大戦

解説
ヨーロッパからの輸入が途絶えたため，化学工業の製品の国産化も進んだ。

❷ヨーロッパの火薬庫

❸日英同盟

ポイント
ロシアへの対抗を目的として結んだ同盟。

❹二十一か条の要求

❺ロシア

ポイント
レーニンが革命の中心となった。

地理

歴史

公民

❻表Ⅰは，第一次世界大戦開始から終了2年後までの，日本の国別輸出総額を示している。A〜Cは，次のア〜ウの国のいずれかである。A，Bに当てはまる国をア〜ウからそれぞれ1つ選べ。〔石川県・改〕

ア　アメリカ　　イ　イギリス
ウ　ロシア

表Ⅰ

	A	B	C
大戦開始年	33,086	1,968	196,539
1年後	68,494	11,239	204,142
2年後	102,658	33,421	340,245
3年後	202,646	13,515	478,537
大戦終了年	142,866	162	530,129
1年後	111,453	464	828,098
2年後	97,797	209	565,017

（単位：千円）　（「明治大正国勢総覧」より作成）

❻A：イ
B：ウ

ポイント

第一次世界大戦により日本は好景気（大戦景気）をむかえた。第一次世界大戦の主戦場になったのはヨーロッパであることと，日本からそれぞれの国への距離の違いに注目して考える。

入試で差がつくポイント

 Q 次の資料Ⅱは，米騒動の様子をえがいたものの一部である。米騒動が起きた理由を，ロシア革命への干渉戦争の名称を用い，表Ⅱから読み取れる米の価格の変化に着目して書きなさい。〔埼玉県・改〕

資料Ⅱ

表Ⅱ

年	月	価格（円）
1917	9	21.33
	10	23.61
	11	23.93
	12	23.86
1918	1	23.84
	2	24.94
	3	26.60
	4	27.38
	5	27.46
	6	28.34
	7	30.39
	8	38.70

（日本金融史資料より作成）

A 例：シベリア出兵を見越した米の買い占めにより，米の価格が上がったから。

解説 シベリア出兵とは，ロシア革命による社会主義の波及をおそれたアメリカや日本などの国々が革命に干渉するために起こした戦争である。軍隊の派遣には多くの食料が必要になるが，日本の商人はこれを見越して米を買い占めたので，表Ⅱのように米価が高騰した。そのために生活が苦しくなった民衆が起こしたのが1918年の米騒動であり，大きな混乱が生じた。

第二次世界大戦と日本

❶ブロック経済政策は，世界恐慌の発生から10年後に始まった［　　　］の一因にもなったといわれている。　〔京都府・改〕

 よくでる ❷第二次世界大戦に関し，1940年9月，日本は3国間で同盟を結んだ。この同盟の相手の2か国。　〔和歌山県・改〕

❸第二次世界大戦の時期のソ連の指導者で，重工業中心の工業化と農業の集団化を強行した人物。　〔京都府・改〕

 差がつく ❹1941年に日本が北方の安全を確保するためにソ連と結んだ条約。　〔茨城県・改〕

❺1941年12月8日，日本軍はハワイのアメリカ海軍基地へ攻撃を行い，太平洋戦争が始まった。そのアメリカ海軍基地があるハワイの湾名。　〔沖縄県・改〕

❻日本によって掲げられた，アジアから欧米諸国を追い出して，アジアの民族だけで繁栄しようという主張。　〔オリジナル〕

 差がつく ❼1944年8月21日，那覇港を出発した学童疎開船が，翌22日，奄美大島近くの悪石島近海でアメリカ軍潜水艦の魚雷攻撃を受けて沈没し，約半数の学童を含むおよそ1500人が亡くなった。この学童疎開船の船名。　〔沖縄県・改〕

---

❶第二次世界大戦
解説
ブロック経済は国際協調の流れに反する政策。

❷ドイツ，イタリア

❸スターリン
ポイント
レーニンの死後にソ連の指導者になった。

❹日ソ中立条約

❺真珠湾（パールハーバー）

❻大東亜共栄圏

❼対馬丸

地理

歴史

公民

❽1945年3月，アメリカ軍が上陸し，6月まで激しい地上戦が行われた県名。〔オリジナル〕

❽沖縄県

 よくでる ❾1945年8月，長崎とともに原子爆弾が投下された都市。〔鹿児島県・改〕

❾広島

 よくでる ❿1945年，第二次世界大戦に敗れて連合国に降伏した日本が受諾した宣言。〔栃木県・改〕

❿ポツダム宣言
ポイント
ドイツの降伏後に連合国側が出した。

⓫ヤルタ会談での秘密協定に基づいて，日本との条約を一方的に破棄して，1945年8月8日に参戦し，満州や朝鮮，千島列島に侵攻した国。〔オリジナル〕

⓫ソ連

入試で差がつくポイント

Q グラフ I からわかるように，太平洋戦争が始まる前，日本はアメリカから多くの石油を輸入していたが，アメリカとの関係が悪化するにともなって，経済的に孤立していった。その後，日本が東南アジアへ軍を進めた理由の1つを，**地図 I** を参考にして，「資源」の語句を使って，次の文の[　　　　]に当てはまる内容を書いて，文を完成させなさい。
〔沖縄県・改〕

経済的に孤立した日本は，[　　　　]東南アジアに軍隊を進めた。

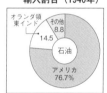

グラフ I 日本の石油の国別
輸入割合（1940年）

オランダ領
東インド
その他 8.8
14.5
石油
アメリカ
76.7%

地図 I 日本軍の進出地域

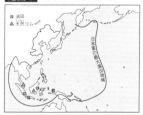

油田
▲ 天然ゴム
日本軍の最大進出地域

A 例：資源を確保するため

解説 グラフ I から，当時の日本は石油の大半をアメリカから輸入していたことが読み取れる。また，**地図 I** から，日本が軍を進めた東南アジアは石油や天然ゴムなどの資源が多かったことが読み取れる。

戦後の民主化

❶連合国軍総司令部（連合国軍最高司令官総司令部）の略称。〔北海道・改〕

❶ GHQ

よくでる ❷1946年に行われた戦後初の衆議院議員選挙に投票できた人々。〔青森県・改〕

❷満20歳以上の男女
ポイント
選挙法が改正された。

よくでる ❸GHQは，日本の経済の民主化を進めるために，さまざまな分野の企業をまとめて日本の産業や経済を支配してきた［　　　］を解体した。〔福島県・改〕

❸財閥
ポイント
三井，三菱，住友，安田などが代表的。

❹GHQの指令により，日本政府が地主の農地を買い上げ，小作人に安く売り渡した政策。〔和歌山県・改〕

❹農地改革
解説 農地を得た小作人は自作農になった。

❺日本国憲法が公布された年月日。〔オリジナル〕

❺1946年11月3日

よくでる ❻日本国憲法の制定にともない定められた，日本の教育の目的や目標を示した法律。〔宮城県・改〕

❻教育基本法

入試で差がつくポイント

Q 表Iにおいて，農業従事者に占める女性の割合が，太平洋戦争が終わった後に小さくなったのはなぜだと考えられるか，書きなさい。〔石川県・改〕

表I

	1944年	1947年
農業に従事する女性の数	約771万人	約861万人
農業従事者に占める女性の割合	58.6%	51.8%

（「長期経済統計」より作成）

A 例：徴兵されていた男性が，戦争が終わって農業に従事できるようになったから。

解説 戦争中は多くの成人男性が徴兵されたため，勤労動員などが行われたことを考える。そのために女性が重要な労働力になったが，終戦後は成人男性が復員となったので，女性の割合は減少した。

旧石器・縄文・弥生文化

❶岩宿遺跡から発見された道具によって，日本列島でも［　　　］時代に人類が生活していたことが，初めて証明された。

〔群馬県・改〕

よくでる ❷縄文時代の人々が定住した，地面を掘りくぼめた床に柱を立て，その上に屋根をかけた住居。

〔茨城県・改〕

❸縄文時代の生活のようすを知る手がかりとなる遺跡のうち，骨や貝がらなどの食べ物の残り，石器や土器などが堆積したあと。

〔香川県・改〕

よくでる ❹縄文時代につくられたと考えられている**資料Ⅰ**の人形。

〔茨城県・改〕

資料Ⅰ

❺佐賀県の［　　　］からは，弥生時代のムラの遺跡が発掘された。現在ある物見やぐらは，銅鐸などにえがかれた建物などを参考に復元されたものである。

〔岐阜県・改〕

❶旧石器

ポイント
岩宿遺跡で発見された道具は打製石器。

❷たて穴住居（竪穴住居，竪穴式住居）

❸貝塚

❹土偶

解説
豊作の祈願や魔よけなどのためにつくられたと考えられている。女性をかたどったものが多い。

❺吉野ヶ里遺跡

解説
物見やぐらは，集落に接近する敵を警戒するための建物。

東アジアの変化と摂関政治

よくでる **❶**子である頼通とともに，摂関政治の全盛期を担った人物。 〔北海道・改〕

❶藤原道長

❷8世紀以降の遣唐使が利用した，唐の港と日本の都の近くにある港を結ぶ航路を，**地図Ⅰ**の**ア〜エ**の中から1つ選べ。 〔神奈川県・改〕

地図Ⅰ

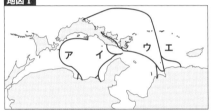

❷ウ

ポイント

地図Ⅰは，東が上，西が下になるように配置されているので，上半分が日本列島，下半分が中国大陸になっている。

よくでる **❸**894年に遣唐使の停止を意見した人物。 〔愛媛県・改〕

❸菅原道真

❹10世紀初めに唐が滅んだ後，いくつかの小国に分裂していた中国を統一した王朝。 〔オリジナル〕

❹宋

❺10世紀初めに建国され，新羅を滅ぼして朝鮮半島を統一した国。 〔オリジナル〕

❺高麗

❻10世紀初めに中国の東北地方に建国され，宋と対立した国。 〔オリジナル〕

❻遼（契丹）

❼11世紀後半に東北地方での大きな反乱をしずめて，東日本に勢力を広げた武士。 〔徳島県・改〕

❼ 源 義家

解説

後三年合戦で活躍した。

地理

歴史

公民

院政と平氏政権

❶上皇やその住まいの呼び名から，上皇の行う政治。　〔三重県・改〕

❷1086年に〔　**A**　〕上皇は院政を始めた。このころから，**資料Ⅰ**にえがかれている大寺院の〔　**B**　〕たちが，朝廷に対して実力で要求を通そうとすることがあった。　〔島根県・改〕

資料Ⅰ

❸現在の神戸港の一部は，かつて大輪田泊と呼ばれた。平安時代末に大輪田泊を修築して，宋と貿易を行った人物。　〔大阪府・改〕

❹平氏が滅んだ戦い。　〔栃木県・改〕

---

❶院政

❷A：白河
　B：僧兵

解説
延暦寺・興福寺などは，Bのような武装した僧の集団をもち，その強大さで知られた。

❸平 清盛

解説
桓武平氏の武士。太政大臣を務めたり，この港を修築したりした。

❹壇ノ浦の戦い

入試で差がつくポイント

Q 院政とはどのような政治か，「天皇」という語を用いて，簡潔に書きなさい。
〔和歌山県・改〕

A 例：天皇が位をゆずって上皇となった後も，政治を行うこと。

解説 天皇の位をゆずった者が政治の実権をにぎる体制が築かれたことが，院政の始まりである。院政の名称は，上皇やその住まいを院と呼んだことにちなむ。

室町幕府の成立と発展

よくでる ❶後醍醐天皇が自ら行った政治。 〔オリジナル〕

❷倒幕を目指した後醍醐天皇に協力した後，京都に幕府を開いた人物。 〔愛媛県・改〕

❸京都方を北朝，[   ]方を南朝と呼び，この南北朝は全国の武士に呼びかけて戦った。南北朝の動乱が続いた約60年を南北朝時代という。 〔埼玉県・改〕

よくでる ❹室町幕府の3代将軍である [   ] は，南北朝を統一し長年続いた内乱を終わらせた。 〔栃木県・改〕

よくでる ❺室町幕府において，将軍を補佐する役職。 〔山口県・改〕

❻幕府から強い権限をあたえられ，一国を独自に支配するようになった守護。〔オリジナル〕

---

❶建武の新政

❷足利尊氏

❸吉野

ポイント
奈良県中部の地名。

❹足利義満

❺管領

❻守護大名

入試で差がつくポイント

Q 中世における後鳥羽上皇，後醍醐天皇についてまとめた，次の表の「共通の目的と行動」欄の [   ] に入る適切な言葉を書きなさい。 〔富山県・改〕

共通の目的と行動	結果
[ ]ため，挙兵し，幕府をたおそうとした。	後鳥羽上皇は幕府軍に敗れ，隠岐国に流された。
	後醍醐天皇は幕府をたおし，新しい政治を始めた。

A 例：政治の実権を朝廷に取りもどす

解説 後鳥羽上皇は，鎌倉幕府から政治の実権を取りもどすために承久の乱を起こしたが敗れた。後醍醐天皇は足利尊氏や新田義貞らの協力を得て鎌倉幕府をたおし，朝廷に政治の実権を取りもどした後，自ら建武の新政と呼ばれる政治を行った。

東アジアの交流

よくでる ❶15世紀初めにわが国と勘合貿易を行った中国の王朝。 〔大阪府・改〕

❶明

❷大陸沿岸で密貿易や略奪行為を行った海賊的集団。 〔栃木県・改〕

❷倭寇

ポイント
中国人の海賊もいた。

❸琉球王国の貿易の形態。 〔沖縄県・改〕

❸中継貿易

❹琉球国王は、当時の中国にみつぎ物を送ること（＝朝貢）で、国王としての地位を認めてもらっていた。このような関係。 〔群馬県・改〕

❹冊封

❺鎖国をしている間、朝鮮との連絡や貿易を行った藩。 〔青森県・改〕

❺対馬藩

❻松前藩は、蝦夷地で独自の文化を築いていた人々と交易を行っていた。この人々。 〔奈良県〕

❻アイヌ
（アイヌ民族）

ポイント
蝦夷地は、現在の北海道の古い呼び名。

入試で差がつくポイント

Q 室町幕府の3代将軍足利義満が始めた貿易で、右の勘合が使用された理由を、簡潔に書きなさい。 〔和歌山県・改〕

A 例：正式な貿易船であるということを証明するため。

解説 当時の中国や朝鮮半島の沿岸は、倭寇と呼ばれる日本人や中国人などの海賊の被害に悩まされていた。足利義満は明の要請によって倭寇を禁じる一方、倭寇の船と区別するための証明書として、明から入手した勘合を正式な貿易船に持たせて、日明貿易を始めた。

戦国の争乱

よくでる

❶室町時代の農民たちがつくった自治的な組織。　〔大阪府・改〕

❷土一揆を起こした馬借や農民は，［　　　］を出すよう幕府に要求し，また，酒屋や土倉におしかけて，借金証文を破りすてた。　〔三重県・改〕

❸室町時代の商人や手工業者がつくり，貴族や寺社などの保護を受けて，営業を独占する権利が認められた同業者の団体。　〔香川県・改〕

❹1467年に始まった［　　　］の乱で戦場となった京都は焼け野原となり，幕府の影響力は失われていった。　〔兵庫県・改〕

❺実力のある者が，上の身分の者をたおして地位を奪う風潮。　〔愛知県・改〕

❻戦国大名が，武士や領民の行動を取りしまり，領国を統一して支配する目的で独自に定めた法。　〔埼玉県・改〕

よくでる

❼戦国時代，特に良質な銀が生産されたことで知られ，2007年に世界遺産（文化遺産）に登録された島根県の銀山。　〔和歌山県・改〕

❽京都で自治を行った裕福な商工業者たち。　〔茨城県・改〕

---

❶惣（惣村）

ポイント
寄合で決まりを定めた。

❷徳政令

解説
借金を帳消しにする法令。

❸座

❹応仁

解説 この乱や関東の享徳の乱によって戦国時代に入った。

❺下剋上

ポイント
戦国時代の風潮。

❻分国法

❼石見銀山

❽町衆

地理

歴史

公民

享保の改革と田沼時代

❶享保の改革期に，漢文に訳された洋書の輸入制限をゆるめる政策を行った将軍。
〔岡山県・改〕

❷江戸幕府は，急増する幕府への訴えを素早く公正に処理するため，裁判の基準となる[　　　]を定めた。　〔長崎県・改〕

❸江戸時代に，商工業者の財力をもとに財政の立て直しを進めた老中。　〔大阪府・改〕

❹江戸時代の商人がつくった，特権を認められた同業者ごとの組織。　〔北海道・改〕

❺江戸時代にわが国から中国へ輸出された，いりこ（なまこ）やふかひれなどの海産物の総称。　〔岡山県・改〕

❻18世紀ごろから19世紀ごろにかけての農村で見られるようになった，次の**図Ⅰ**で模式的に示されている，問屋や地主などが農民に対し，織機や前金を貸し，布を織らせ，製品の出来高に応じて賃金を支払う生産の方法。　〔三重県・改〕

図Ⅰ

❶徳川吉宗

ポイント
江戸幕府の8代将軍。

❷公事方御定書

解説
裁判の基準を明確にした。

❸田沼意次

❹株仲間

解説 営業を独占した。

❺俵物

ポイント
田沼意次が長崎から積極的に輸出を図った。

❻問屋制家内工業

解説
貨幣経済の発達とともに生まれ，のち工場制手工業（マニュファクチュア）に移行した。

寛政の改革と大御所政治

❶1787～93年に，祖父の政治を理想として，8代将軍の孫が行った改革。　〔青森県・改〕

❷寛政の改革では，江戸などに出てきていた農民を故郷に帰し，[　　　　]に備えるために，各地に倉を設けて米をたくわえさせ，商品作物の栽培を制限した。

〔青森県・改〕

よくでる ❸次の狂歌は江戸幕府の改革を風刺してよまれたものであり，下線部は幕府の老中として改革を行った人物を表している。この人物は誰か。　〔福島県・改〕

> <u>白河</u>の清きに魚の住みかねて
> 　もとのにごりの田沼恋しき

❹資料Ⅰは，瓦をつくっているようすを表した絵である。このように，19世紀ごろに発達した，作業する場所に働き手を集めて分業で製品を生産するしくみ。　〔山口県・改〕

資料Ⅰ

---

❶寛政の改革

❷ききん

ポイント
多くの餓死者や年貢の減収の原因になった。

❸松平定信

解説
白河藩の藩主から老中になった人物。徳川吉宗の孫。

❹工場制手工業（マニュファクチュア）

欧米の市民革命と産業革命

❶1688年にある国の議会が国王を交代させて，その翌年に議会と国王の権限の確認を行うことで議会政治の基礎が固まった。無血で行われたこのできごと。 〔福島県・改〕

❷1689年に制定され，王権と議会の関係や法の尊重を明確に定めた，イギリスの政治の基本となったことがら。 〔三重県・改〕

よくでる ❸18世紀後半のイギリスで，蒸気機関を動力とする工場の機械が発明された。その後，蒸気機関は船や鉄道にも使用され，工場で大量に生産された製品が世界各地にもたらされるようになった。このような工業化による産業と社会のしくみの変化。〔佐賀県・改〕

❹貧富の差が拡大するとして，資本主義を批判する形で唱えられた，生産の手段を公のものとして平等な社会を目指す考え。 〔オリジナル〕

❺北アメリカで，植民地をつくって自治を行っていた人々は，[A]との間で，独立戦争を起こし，勝利した。この結果，[B]の州からなるアメリカ合衆国が誕生した。 〔新潟県・改〕

❻アメリカ合衆国の南部の州で，黒人奴隷を使って綿花などの栽培をさかんに行っていた大農場。 〔新潟県・改〕

❶名誉革命
【解説】
流血もなく国王の交代などが行われたことを誇って，名誉革命と呼ばれる。

❷権利章典（権利の章典）

❸産業革命

❹社会主義（共産主義）
【ポイント】
マルクスが『資本論』を著して提唱した。

❺A：イギリス
B：13
【ポイント】
Bについて，現在の州の数は50。

❻プランテーション

❼北部の州の支援で，アメリカ合衆国第16代
大統領となった人物。　〔新潟県・改〕

❼リンカン（リンカ
ーン）

❽1789年にフランス革命が始まってまもなく，
革命を支持する人々がつくった国民議会に
よって発表された宣言。　〔香川県・改〕

❽（フランス）人権
宣言

よくでる ❾フランスで権力を握り，のちに皇帝の位に
つき，フランス革命の精神である自由や平
等を広めた人物名。　〔兵庫県・改〕

❾ナポレオン

❿1792年，[　　　　　]の使節ラクスマン
が通商を求めて根室に来航した。
〔兵庫県・改〕

❿ロシア

ヨーロッパに加え北ア
ジアのシベリアも支配
した北方の国。19世紀
には南下政策を行った。

入試で差がつくポイント

Q 資料Ⅰは，18世紀末にフランス革命が起こる
前のフランス国内の状況を風刺した絵画であ
り，えがかれている3人の人物はそれぞれ聖職
者，貴族，平民を表し，石は「税や労役」を表
している。資料Ⅰから読み取ることができる当
時の状況について，次の文の[　　　　　]
に当てはまる内容を簡潔に書きなさい。ただ
し，「税や労役」という語句を必ず用いること。
〔長崎県・改〕

資料Ⅰ

> フランス革命が起こる前のフランスでは，[　　　　　]という状況がみられた。

A 例：聖職者と貴族が，平民に税や労役を負担させている

解説 資料Ⅰの絵画の聖職者と貴族が平民にのせられた石を踏みつけるという構図より，
革命前のフランスでは，聖職者と貴族が特別な身分として免税などの特権を持つ一
方，平民が重税などの負担を負わされていたということが示されているとわか
る。

でる度 ★★★★

列強の接近と天保の改革

❶1792年, わが国の漂流民を送り届けるとともに江戸幕府に通商を求めて根室に来航したロシアの使節。 〔大阪府・改〕

❶ラクスマン

❷ロシアを警戒した江戸幕府の命で樺太を調査し, 樺太が島であることを確認した人物。 〔三重県・改〕

❷間宮林蔵

よくでる ❸日本の沿岸に外国船が現れるようになったことから, 幕府が出した, 中国・オランダ以外の外国船を撃退する法令。 〔沖縄県・改〕

❸異国船打払令
（外国船打払令）
解説
鎖国体制を守るために出された。

❹1842年, アヘン戦争に勝利した［　　　　］は, 清と南京条約を結んで, 香港を手に入れ, ほかに5港での自由貿易を認めさせた。 〔香川県・改〕

❹イギリス
ポイント
インドの植民地化を進めていた国。

❺江戸幕府が, 海外の事情を知るためにオランダに提出させた報告書。 〔長野県・改〕

❺オランダ風説書

❻1837年に反乱を起こし, 米や金をききんで苦しむ人々に分けようとした元大阪町奉行所の役人で陽明学者。 〔岐阜県・改〕

❻大塩平八郎
ポイント
陽明学は儒学の一派。

❼アヘン戦争が起こったころ, 国内外の深刻な状況に対応し, 幕府の政治を立て直すための改革を行った老中。 〔兵庫県・改〕

❼水野忠邦
解説
アヘン戦争で清が敗れると, 異国船打払令を撤回した。

世界恐慌とファシズムの台頭

❶1929年，[　　　　　]で株価が大暴落して，それまで好況だった経済が一転して不況となった。　〔富山県・改〕

❶アメリカ
ポイント
第一次世界大戦後，世界経済の中心になった国。

よくでる ❷ニューヨーク株式市場の株価が大暴落し，経済の混乱が各国に広がったできごと。　〔愛知県・改〕

❷世界恐慌

よくでる ❸世界恐慌の時に，アメリカのフランクリン＝ルーズベルト（ローズベルト）大統領が行った，国民の雇用を確保するために，積極的に公共事業を起こす政策。　〔栃木県・改〕

❸ニューディール（政策）
解説 失業者の救済と経済の活性化を目的とした。

❹世界恐慌のあとに，イギリスやフランスがとった，本国と植民地との間で経済圏をつくり貿易を拡大する一方，その他の国の商品には高い関税をかけて輸入を制限する等の政策。　〔長崎県・改〕

❹ブロック経済（政策）

❺ソ連のスターリンは，1928年から[　　　]を進めたため，世界恐慌のあとも，鉱工業生産指数が増加し続けた。　〔青森県・改〕

❺五か年計画

❻ファシスト党のムッソリーニによる独裁体制のもとで，世界恐慌のあとにエチオピアを侵略して併合した国。　〔オリジナル〕

❻イタリア
ポイント
ドイツや日本と同盟を結んだ国。

❼ヒトラーを党首とし，世界恐慌のあとにドイツの政権をにぎって，一党独裁体制をしいた政党。　〔オリジナル〕

❼ナチス（ナチ党，国民社会主義ドイツ労働者党）

地理
歴史
公民

満州事変と日中戦争

❶1931年，関東軍が奉天郊外の柳条湖で南満州鉄道の線路を爆破し，これを機に軍事行動を開始したできごと。　〔オリジナル〕

❶満州事変

❷日本は1940年のオリンピックの開催権（東京）を得たが，その後，[　　　]が起こったため，開催権を返上した。　〔栃木県・改〕

❷日中戦争

❸1936年，陸軍の青年将校らが大臣などを殺傷し，首相官邸などの東京の中心部を占拠した事件。　〔佐賀県・改〕

❸二・二六事件

❹日中戦争が起こったころの中国では，蔣介石がひきいる [　A　] と，[　B　] がひきいる中国共産党が対立し，内戦が行われていた。　〔福島県・改〕

❹A：（中国）国民党
B：毛沢東

ポイント
戦争が始まると，2つの勢力は協力体制となる。

❺1937年，北京郊外で日本軍と中国軍が武力衝突をし，日中戦争のきっかけとなった事件。　〔オリジナル〕

❺盧溝橋事件

入試で差がつくポイント

Q 満州事変の後，国際連盟は，満州国を承認せず，わが国に対し軍隊の引きあげを勧告しました。わが国は，その勧告に対しどのような反応をし，どのような対応をとりましたか。「勧告」と「国際連盟」という2つの語句を使い，簡単に書きなさい。　〔北海道・改〕

A 例：勧告に反発し，国際連盟から脱退した。

解説 指定された語句を2つとも使うことが必要になる。「勧告」は，リットン調査団からの報告に基づいて国際連盟が日本軍の満州の占領地からの撤退を勧告したことを指す。この勧告を不服とした日本は，「国際連盟」から脱退した。従って，国際連盟の「勧告」への日本側の反発や拒否，「国際連盟」からの脱退について述べるようにする。

近代の文化

よくでる ❶明治時代初期にみられた，欧米諸国の文化などを積極的に取り入れることで，都市を中心に日本の伝統的な生活様式が変化していく風潮。　〔宮城県・改〕

❶文明開化

❷資料Ⅰの書物を書いた人物。　〔群馬県・改〕

資料Ⅰ
「天は人の上に人をつくらず，人の下に人をつくらず」と言われている。つまり，天が人を生み出すに当たっては，すべての人は平等であって，生まれによる身分の上下はなく…。 （部分要約）

❷福沢諭吉
ポイント
資料Ⅰは「学問のすゝめ」の一部。

❸岩倉使節団に同行した5人の女子留学生中の最年少でアメリカ合衆国にわたり，のちに日本で女子英学塾を設立するなど，女子教育の発展に尽力した人物。　〔大阪府・改〕

❸津田梅子

❹明治時代に活躍した文学者で，『吾輩は猫である』や『坊っちゃん』などを著した人物。　〔山口県・改〕

❹夏目漱石

❺海外で黄熱病の研究を行った人物。　〔佐賀県・改〕

❺野口英世

❻普通選挙法が制定された年には，東京，大阪，名古屋で［　　　］が開始され，新聞とならび，人々の情報源になった。　〔愛知県・改〕

❻ラジオ放送
ポイント
普通選挙法の制定は1925年。

地理

歴史

公民

113

高度経済成長

よくでる ❶1950年代半ばからその後20年近くにわたる　　❶高度経済成長
わが国の急速な経済成長。〔香川県・改〕

❷池田勇人内閣は,「所得 [　　　　]」を　　❷倍増
スローガンにかかげ, 経済成長を促進する
政策を進めた。〔大阪府・改〕

よくでる ❸1972年, アメリカの統治の下におかれてい　　❸沖縄
た [　　　　　] が日本に返還された。

〔富山県・改〕

解説
奄美群島・小笠原諸島
の返還に続いた。

差がつく ❹1972年の日中共同声明によって, 両国の関　　❹A：国交
係が変わり, [A] が [B] した。　　B：正常化

〔長野県・改〕

よくでる ❺1970年代に中東地域で戦争が起こったこと　　❺石油危機（石油シ
によって, 原油価格が引き上げられ, 日本　　ョック, オイルシ
経済に大きな影響を与えたできごと。　　ョック）

〔宮城県・改〕

入試で差がつくポイント

Q 1950年に始まった朝鮮戦争によって日本は好景気となった。それはなぜか,「アメ
リカが」という書き出しに続けて書きなさい。〔石川県・改〕

A 例：アメリカが韓国側につく形で参戦して, 大量の物資を日本で調達したから。

解説 朝鮮戦争は北朝鮮が韓国に侵攻したことから始まったが, アメリカを中心とする
国連軍が韓国を支援した。アメリカは朝鮮半島に近い日本の基地を使用し, 大量
の物資を日本に発注した。そのために日本は特需景気と呼ばれる好景気になり, 復
興が加速した。

イスラムとヨーロッパ世界の発展

❶6世紀後半のアラビア半島に生まれ，7世紀前半にイスラム教を開いた人物。〔オリジナル〕

❶ムハンマド（マホメット）

❷イスラム教に関する説明として正しいものを，次の**ア～エ**の中から1つ選べ。
〔沖縄県・改〕

　ア　人は身分に関わらずみな平等であり，さとりを開けばだれでも苦しみから救われる。
　イ　神の前ではみな平等であり，神を信じる者はだれでも救われると説き，『新約聖書』を聖典とする。
　ウ　思いやりの心で行いを正し，親子・兄弟などの秩序を重んじ，道徳を中心とする政治で国は治まる。
　エ　唯一神を信じ，互いに助け合うなど正しい行いをすることの大切さを説き，『クルアーン』（コーラン）を聖典とする。

❷エ

ポイント
アは仏教，**イ**はキリスト教，**ウ**は儒教の説明。

❸4世紀前半にキリスト教を国の宗教として公認した国。〔オリジナル〕

❸ローマ帝国

❹4世紀末にローマ帝国が分裂した後，現在のトルコを中心として，15世紀半ばまで存続した国。〔オリジナル〕

❹東ローマ帝国（ビザンツ帝国）

❺西ヨーロッパに広まったカトリック教会の頂点に立つ聖職者。〔オリジナル〕

❺ローマ教皇（ローマ法王）

❻東ヨーロッパに広まったキリスト教の一派である教会。〔オリジナル〕

❻（東方）正教会

地理

歴史

公民

115

平安京と地方政治の乱れ

❶平安時代のはじめ，蝦夷を征討するため，東北地方に坂上田村麻呂を征夷大将軍として派遣した天皇。　〔栃木県・改〕

❷桓武天皇のころの朝廷は，地方の政治を立て直すため，[　　　]に対する監視をきびしくした。　〔富山県・改〕

よくでる ❸朝廷の高い地位をほとんど独占した中臣鎌足の子孫の一族。　〔京都府・改〕

❹10世紀の中ごろ，関東では[　A　]が，瀬戸内海周辺では[　B　]が地方の武士団を率いて反乱を起こした。　〔徳島県・改〕

❶桓武天皇

ポイント
長岡京のち平安京への遷都を行った。

❷国司

ポイント
律令国家における地方の長官。

❸藤原氏

❹A：平将門
　B：藤原純友

入試で差がつくポイント

Q 資料Ⅰは，10世紀初めに阿波国で作成された戸籍のうち，ある家族の性別と年齢構成別人数を表にまとめたものである。次の文の[　A　]には資料Ⅰから読み取れることを，[　B　]には[　A　]の理由として考えられることを，それぞれ書きなさい。
〔徳島県・改〕

[　A　]のは，重い負担を逃れるために，
[　B　]からではないかと考えられる。

資料Ⅰ

年齢性別	0〜10歳	11〜20歳	21〜30歳	31〜40歳	41〜50歳	51〜60歳	61歳以上
男	1	0	0	0	2	1	2
女	0	0	1	6	8	1	9

（「徳島県史 第一巻」より作成）

A 例：A−成人男性が女性に比べて少ない　　B−戸籍の性別をいつわっている

解説 律令制度下の農民は，性別や身分に応じて口分田が貸し与えられた。6歳以上の男女が納める「租」以外の「調」「庸」「雑徭」「兵役」は成人男性のみに課せられたので，これらの重い負担から逃れるため，性別をいつわったり逃亡したりする者もいた。

十字軍とモンゴル帝国

❶ローマ教皇の呼びかけで，十字軍の遠征が行われた時期を，次の**ア〜エ**の中から1つ選べ。 〔沖縄県・改〕

ア 奈良時代〜平安時代の期間

イ 平安時代〜鎌倉時代の期間

ウ 鎌倉時代〜室町時代の期間

エ 室町時代〜江戸時代の期間

❷13世紀初め，のちにユーラシア大陸の大部分を支配するモンゴル帝国を建国した人物。 〔オリジナル〕

よくでる ❸13世紀に，モンゴル帝国のフビライ（フビライ＝ハン）が中国北部を支配し，定めた国号。 〔北海道・改〕

❹フビライに仕えたイタリア人のマルコ＝ポーロが著した本の題名。 〔オリジナル〕

差がつく ❺十字軍の遠征の影響により，14世紀に西ヨーロッパで起きたこととして正しいものを，次の**ア〜ウ**の中から1つ選べ。 〔三重県・改〕

ア 古代ギリシャやローマの文化を手がかりにして，ルネサンスが花開いた。

イ バスコ＝ダ＝ガマの船隊がインドに到達して，インドと海路で直接つながった。

ウ カトリック教会内部の改革運動がさかんになり，イエズス会は，勢力回復のためにアジアやアメリカなどにキリスト教を伝えた。

---

❶イ

解説
十字軍は，キリスト教の聖地エルサレムからイスラム勢力を追い払うために，ヨーロッパから送られた遠征軍。

❷チンギス＝ハン

❸元

❹世界の記述（東方見聞録）

❺ア

解説
十字軍は失敗したが，その遠征を通じて，ビザンツ帝国やイスラム世界の文化と直接接したことは，その後のヨーロッパの歴史に多大な影響を及ぼした（1096〜1270年）。

文治政治

❶次の表の**A**〜**C**に当てはまるものを，それぞれ下の**ア**〜**ウ**から選べ。〔北海道・改〕

徳川家光	徳川綱吉	徳川吉宗
[A]	[B]	[C]

ア 享保の改革が行われた。
イ 島原・天草一揆が起こった。
ウ 生類憐みの令が出された。

❷[　　　]は幕府の財政が悪化すると，貨幣の質を落とし，収入を増やそうとしたがかえって物価が上昇し，世間が混乱した。〔オリジナル〕

❸18世紀初め，儒学者の新井白石の意見を取り入れて行われた政治。〔オリジナル〕

よくでる❹新井白石の政策を，次の**ア**〜**エ**の中から1つ選べ。〔愛媛県・改〕
ア 生類憐みの令を出し，動物を愛護した。
イ 印旛沼の大規模な干拓工事を始めた。
ウ 低くなっていた貨幣の質を元に戻した。
エ 湯島に昌平坂学問所をつくった。

❶A：**イ**
B：**ウ**
C：**ア**

❷徳川綱吉

❸正徳の治
（正徳の政治）

❹**ウ**

ポイント
新井白石は6・7代将軍に仕えた。

入試で差がつくポイント

Q 儒学の中でも，江戸幕府は朱子学を重視した。幕府が朱子学を重視した理由を，簡潔に書きなさい。〔群馬県・改〕

A 例：朱子学は，身分秩序を重んじる学問であるため。

解説 朱子学は，儒学の一派であり，身分秩序を重んじることに特徴があった。厳格な身分制度を築いた江戸幕府は朱子学を奨励することで，支配体制を守ろうとした。

アジア各地の植民地化

❶アジアに進出したイギリスが，綿織物をインドへ輸出し，インドで栽培されたアヘンを清に売り，清から茶などを購入した貿易の形態。　　　　　　　　　〔オリジナル〕

❶三角貿易

❷アヘン戦争に勝利したイギリスは，清と[　　　　　　]条約を結び，賠償金と香港島を得た。　　　　　　　　　　〔栃木県・改〕

❷南京

❸南京条約を結ぶまで，清が欧米との貿易を行っていた港。　　　　　　　〔オリジナル〕

❸広州

❹1857年にインドで起こった，イギリスに対する反乱。　　　　　　　　〔オリジナル〕

❹インド大反乱

 入試で差がつくポイント

Q 江戸幕府は，**資料Ⅰ**のできごとの影響により，外国船への対応を変化させた。**資料Ⅰ**のできごとの前と後において，幕府はどのような対応をしたか，それぞれ書きなさい。

〔群馬県・改〕

資料Ⅰ

A 例：できごとの前－外国船を打ち払った。
　　　できごとの後－外国船にまきや水などを与えて退去させた。

解説 **資料Ⅰ**は，アヘン戦争をえがいたものである。この戦争では，イギリスが清に勝利し，南京条約を結んで賠償金や香港などを得た。このことは鎖国中の日本にも伝えられた。当時，江戸幕府は日本に接近することが多くなった外国船を追い払うために異国船打払令（外国船打払令）を出していた。しかし，アジアの大国である清がイギリスに敗れたことに危機感を抱いた幕府は打払令を撤回して，外国船にまきや水，食料などを与えて穏便に退去させるようになった。

帝国主義の進展

❶19世紀の欧米諸国では〔　　　〕が発展し，資源や市場を求めて植民地を獲得しようとする帝国主義が見られた。　〔オリジナル〕

❶資本主義

解説
産業革命の影響で広がった経済のしくみ。

❷列強の世界分割が進む中，東南アジアで唯一独立を保った国。　〔オリジナル〕

❷タイ

❸東アジアへの進出をねらうロシアが建設した長大な鉄道。　〔オリジナル〕

❸シベリア鉄道

❹次の**ア～ウ**を時代の古い順に並べよ。
　〔静岡県・改〕

ア　日本は韓国を併合し，朝鮮総督府を設置して，武力を背景とする統治を行った。

イ　列強による中国分割に反発した清の民衆が暴動を起こし，義和団事件へと発展した。

ウ　日本とイギリスは，ロシアによる東アジアでの勢力拡大を警戒し，日英同盟を結んだ。

❹イ→ウ→ア

解説
アが1910年，
イが1900年，
ウが1902年。

よくでる　❺1912年に建国された，アジア最初の共和国。
　〔栃木県・改〕

❺中華民国

ポイント
臨時大総統は孫文。

❻非暴力・不服従を唱えて活動したガンディーは，〔　**A**　〕の民族運動の指導者であり，〔　**B**　〕の支配に対する抵抗運動を展開した。　〔鹿児島県・改〕

❻A：インド
　B：イギリス

国際平和体制と民主主義

❶1918年に第一次世界大戦が終わり，1919年にパリ講和会議が開かれた後に結ばれた講和条約。 〔青森県・改〕

❶ベルサイユ条約

ポイント

ドイツが多額の賠償金を負うことになった。

よくでる ❷パリ講和会議で山東省（山東半島）の旧ドイツ権益がわが国に引きつがれることなどが決められると，1919年に北京での抗議活動から中国国内に広まったできごと。 〔香川県・改〕

❷五・四運動

解説

二十一か条の要求の取り消しも要求した。

❸ [A] が事務局次長を務めた国際連盟は，アメリカの [B] 大統領の提案をもとに設立された。 〔兵庫県・改〕

❸A：新渡戸稲造
 B：ウィルソン

❹1921～1922年に四か国条約が結ばれたほか，海軍の軍備縮小なども決められた国際会議。 〔愛媛県・改〕

❹ワシントン会議

ポイント

アメリカが主催して開かれた国際会議。

よくでる ❺第一次世界大戦にともなう好景気による都市化の進展などを背景に，[　　　]と呼ばれる風潮が広がった。 〔福岡県・改〕

❺大正デモクラシー

解説

日本の社会に民主主義的な考えが広まった。

❻吉野作造が唱えた，大日本帝国憲法のもとで，民意に基づいた政治を行うことが可能であるという考え。 〔静岡県・改〕

❻民本主義

❼大正時代に入ると，藩閥を批判し，政党による議会政治を求める [　　　] が盛り上がった。 〔栃木県・改〕

❼護憲運動

ポイント

2度の大きな動きがあった。

地理

歴史

公民

❽米騒動は，[　　　　]を見越した米の買い占めにより，米の価格が急に上昇したために起こった。　〔高知県・改〕

❽シベリア出兵

解説
ロシア革命への干渉。

 ❾立憲政友会の総裁で衆議院議員をつとめ，本格的な政党内閣を成立させて，「平民宰相」と呼ばれた人物。　〔静岡県・改〕

❾原敬

 ❿雑誌『青鞜』で，[　A　]らは「元始，女性は実に太陽であった。」と宣言した。彼女は[　B　]らと新婦人協会を結成し，女性の政治的権利獲得運動への道を開いた。　〔島根県・改〕

❿A：平塚らいてう
B：市川房枝

⓫京都で結成された，部落差別からの解放を目指す団体。　〔青森県・改〕

⓫全国水平社

 ⓬1925年，満[　　　　]歳以上のすべての男性に選挙権を与える男子普通選挙が実現した。　〔群馬県・改〕

⓬25

入試で差がつくポイント

Q　**グラフⅠ**は，1915年度から1940年度における，日本の国家財政に占める軍事費の割合の推移を示している。1920年代の前半に軍事費の割合が下がった理由を，当時の日本や欧米列強が重視していた外交方針に関連づけて，簡単に書きなさい。　〔静岡県・改〕

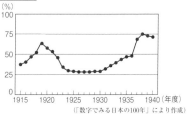

グラフⅠ

（「数字でみる日本の100年」により作成）

A　例：国際協調によって，軍備縮小が行われたから。／各国の協調によって，平和が維持されたから。

解説　第一次世界大戦の後，国際協調の気運が生じ，またワシントン会議（1921〜22年）などで軍縮に向けた条約が結ばれたこともあって，日本を含む各国は軍事費の削減に努めた。

東西冷戦の開始と日本

❶資料Ⅰのように，吉田茂内閣は，アメリカ
など48か国との間に［ **A** ］で平和条約
を結び，条約の発効により，日本は
［ **B** ］を回復した。また同時に，アメリ
カと日米安全保障条約を結んだ。

〔鹿児島県・改〕

資料Ⅰ

❶A：サンフランシ
スコ
B：独立（主権）

ポイント
Aは平和条約が結ばれ
た都市。

 ❷1951年に結ばれたサンフランシスコ平和条
約の後も，引き続き沖縄を統治した国。

〔香川県・改〕

❷アメリカ

❸第二次世界大戦後の世界で，アメリカを中
心とした西側の資本主義諸国とソ連を中心
とした東側の社会主義諸国との間で続いた，
厳しい東西対立の状態の呼称。

〔北海道・改〕

❸冷戦（冷たい戦争）

❹冷戦下の1949年には，西側の軍事同盟とし
て［ **A** ］条約機構が，1955年には東側
の軍事同盟として［ **B** ］条約機構が作
られた。 〔オリジナル〕

❹A：北大西洋
B：ワルシャワ

ポイント
AはNATOとも呼ば
れる。

地理

歴史

公民

❺ 1950年，〔　　　〕戦争に国連軍が派遣されたが，激しい戦闘の末に休戦協定が結ばれた。　〔富山県・改〕

❻ 朝鮮戦争が始まったことで，大量の軍需物資が日本で調達され，それにより起こった日本での好景気。　〔オリジナル〕

よくでる **❼** 1956年，日本と〔　　　〕が共同宣言を出し国交を回復した結果，日本の国際連合への加盟が実現した。　〔愛媛県・改〕

❽ 国際連盟と国際連合の常任理事国として共通する2つの国。　〔青森県・改〕

❾ 1965年に結ばれた，韓国政府を朝鮮半島における唯一の政府と承認した条約。〔オリジナル〕

❿ 1972年，中国と国交を正常化させた日中共同声明を結んだときの日本の首相。〔オリジナル〕

⓫ 1978年に結ばれた，日本と中国が互いに友好関係や経済・文化の面での関係を深めることを定めた条約。　〔オリジナル〕

❺朝鮮

解説
東西両陣営の対立を背景としてアジアで勃発。

❻特需景気

解説
好景気により復興が早まった。

❼ソ連

ポイント
東側陣営の中心であり，西側陣営の日本と対立。

❽イギリス・フランス（順不同）

❾日韓基本条約

❿田中角栄

⓫日中平和友好条約

入試で差がつくポイント

Q 1956年，日本は国際連合に加盟する。次の文は，このことについて述べたものである。　**A**　に当てはまる言葉を，加盟が実現するきっかけとなった宣言名を明らかにして，「国交」という語句を用いて書きなさい。　〔福島県・改〕

1956年に日本は，　**A**　。これをうけて，同年，日本の国際連合への加盟が実現した。

A 例：日ソ共同宣言に調印し，ソ連と国交を回復した

解説 冷戦が厳しくなる中，東側陣営のソ連は西側陣営の日本の国連加盟に反対していた。日本は共同宣言を出して国交を回復することでソ連から支持を得て，国連加盟を果たした。

現代の世界

❶1980年代後半，東ヨーロッパ諸国で民主化の動きが高まると，1989年，東西冷戦の象徴であった［　　　　　］がこわされ，翌年には，東西ドイツが統一した。〔栃木県・改〕

❷冷戦終結後1993年に，ヨーロッパの国々が政治の統合の推進を目指して結成した組織の名称。〔高知県・改〕

❸2008年に起こり，企業の生産縮小と，それに伴う失業者の増加をもたらしたできごと。〔兵庫県・改〕

❹2010年に日本を追い抜き，GDP（国内総生産）が世界2位になった国。〔オリジナル〕

---

❶ベルリンの壁

ポイント
現在のドイツの首都に，東ドイツ側が建てていたもの。

❷ヨーロッパ連合（欧州連合，EU）

❸世界金融危機

解説
アメリカの金融機関の破綻が発端になった。

❹中国

地理
歴史
公民

入試で差がつくポイント

Q 冷戦終結後の核兵器の保有状況の変化を，**グラフⅠ**，**年表Ⅰ**から読み取り，簡潔に書きなさい。
〔佐賀県・改〕

グラフⅠ

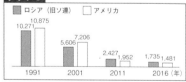

■ロシア（旧ソ連）　□アメリカ

	1991	2001	2011	2016（年）
ロシア	10,271	5,606	2,427	1,735
アメリカ	10,875	7,206	1,952	1,481

A 例：冷戦終結後，アメリカとロシアは核の保有数を減らし，両国の核軍縮が進んでいる一方で，核の保有国が増え，核拡散が起きている。

年表Ⅰ

西暦	おもなできごと
1990	イスラエルが核搭載可能ミサイル配備
1998	インド，パキスタンが核実験
2006	北朝鮮が初の核実験
2016	北朝鮮が4度目の核実験

（グラフⅠ，年表Ⅰは「世界国勢図会」などより作成）

解説 **グラフⅠ**から冷戦下で対立していたアメリカとロシア（旧ソ連）の両国は核兵器の保有数を大きく減らしてきたこと，**年表Ⅰ**から他の一部の国々では核開発が進められてきたことを読み取って考える。

現代の日本

よくでる **❶**1990年代の日本のようすとして当てはまるものを，次の**ア〜エ**の中から1つ選べ。

〔茨城県・改〕

ア 労働者の団結や労働組合をつくることを認める，労働組合法が制定された。

イ 地租改正により，土地所有者が地価の3％に当たる額を地租として納めた。

ウ 当時の内閣が「所得倍増」政策をうちだし，経済成長を推進した。

エ バブル経済（バブル景気）が崩壊し，長期間の不況が始まった。

❷1992年の国会で成立した法律に基づき，自衛隊が参加するようになった，おもに地域紛争の平和的解決を目指す国連の活動。

〔佐賀県・改〕

よくでる **❸**1993年の政権交代によって終わることになった，自民党を与党，社会党を最大の野党とする政治体制。　　　〔オリジナル〕

❹2002年に日本と首脳会談を行い，多くの日本人の拉致を認めた国の略称。　〔オリジナル〕

❺ボランティア活動の重要性が広く認識されることになった，1995年の日本の災害。

〔オリジナル〕

❻2011年3月11日に起こった日本の災害。

〔オリジナル〕

---

❶エ

❷平和維持活動（PKO）

❸55年体制
ポイント
38年にわたって続いた。

❹北朝鮮

❺阪神・淡路大震災
解説
兵庫県南部などに被害。

❻東日本大震災

現代の文化

❶国が1950年に，文化財の保存と活用について定めた法律。　〔青森県・改〕

❷高度経済成長のころにノーベル賞を受賞した人物を，次の**ア〜エ**の中から1人選べ。
〔愛媛県・改〕

ア 黒澤明	**イ** 与謝野晶子
ウ 平塚らいてう	**エ** 川端康成

❸1964年にアジアで初めてオリンピックが開催された都市を，**地図Ⅰ**の**ア〜エ**の中から1つ選べ。　〔長崎県・改〕

地図Ⅰ

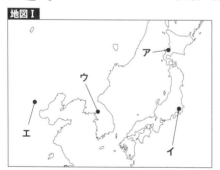

❹『鉄腕アトム』などの物語性のある漫画作品を描き「漫画の神様」と称された人物。
〔オリジナル〕

❺高度経済成長によって，家庭電化製品や自動車が広く普及すると，人々の生活水準が向上し，多くの人々が［　　　　　］意識を持つようになった。　〔群馬県・改〕

---

❶**文化財保護法**

❷**エ**

　解説
　日本人として初めてノーベル文学賞を受賞した。

❸**イ**

　ポイント
　アは札幌，**イ**は東京，**ウ**はソウル，**エ**は北京。いずれもオリンピックの開催地になったことがある都市。

❹**手塚治虫**

❺**中流**

　解説
　自分は豊かでも貧乏でもないと考えること。

地理
歴史
公民

歴史の図の読み取り問題

❶ 次の錦絵にえがかれたものの中から、文明開化の様子を表す特徴的なものを、2つあげよ。
〔滋賀県・改〕

❶ 例：洋服，レンガづくりの建物，馬車

ポイント

文明開化は，明治時代の初期に欧米の文化が日本に取り入れられたことをいう。

　入試で差がつくポイント

Q **資料Ⅰ**，**資料Ⅱ**は終戦後の様子を表したイラストである。2枚の資料からわかる当時の社会の様子を説明しなさい。
〔富山県・改〕

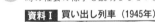

資料Ⅰ 買い出し列車（1945年）

資料Ⅱ 国会議事堂前の野菜畑（1946年）

A 例：都市の食料不足が深刻であったことがわかる。

解説 **資料Ⅰ**から農村で食料を調達するために買い出し列車に乗る都市の住民が多かったこと，**資料Ⅱ**から東京の中心にある国会議事堂の周辺の土地すらも畑にして野菜を栽培しなければならないほど食料が不足していたことを読み取る。この2つを考え合わせると，終戦直後は都市部の食料不足が深刻だったと判断することができる。

第**3**章

公民分野

平和主義

❶日本国憲法の3つの基本原理（原則）は，「国民主権」と「基本的人権の尊重」と何か。

〔和歌山県・改〕

❷日本で毎年8月6日に平和記念式典が行われる**資料Ⅰ**の都市。 〔山口県・改〕

資料Ⅰ

❸元は広島県物産陳列館（産業奨励館）と呼ばれ，現在は戦争の悲惨さを後世に伝える建造物として活用されている**資料Ⅱ**の世界遺産。 〔沖縄県・改〕

資料Ⅱ

よくでる ❹「核兵器を，」という書き出しに続く，日本がかかげている非核三原則の内容。

〔島根県・改〕

❺1992年に制定された国際平和協力法に基づいて，カンボジアや東ティモールなどでの国際連合の［　　　］に自衛隊が派遣された。 〔埼玉県・改〕

---

❶平和主義

❷広島

ポイント
毎年8月9日には長崎でも平和祈念式典が行われる。

❸原爆ドーム

解説
第二次世界大戦末期のアメリカ軍の攻撃によって大きな被害を受けた様子を，そのまま保存している。

❹持たず，つくらず，持ち込ませず

解説
「つくらず」を最初にしてもよい。また，すべてひらがなにするなどでもよい。

❺PKO（平和維持活動）

130

基本的人権の尊重

❶すべて国民は，法の下に平等であって，[　　　]，信条，性別，社会的身分又は門地により，政治的，経済的又は社会的関係において，差別されない。　〔長野県・改〕

❶人種

地理

解説
日本国憲法第14条の条文。

歴史

よくでる ❷1999年に制定された，社会のあらゆる活動に男女が対等に参画し，責任を負う社会の形成を目指す法律。　〔北海道・改〕

❷男女共同参画社会基本法

公民

よくでる ❸安全で快適な生活を送るために障壁を取り除こうという考え方。　〔山口県・改〕

❸バリアフリー

❹日本国憲法が定める3つの自由権のうち，思想及び良心の自由や信教の自由，学問の自由などが含まれるもの。
〔長崎県・改〕

❹精神の自由

よくでる ❺この憲法が国民に保障する自由及び権利は，[　**A**　]の不断の努力によつて，これを保持しなければならない。又，国民は，これを濫用してはならないのであつて，常に[　**B**　]のためにこれを利用する責任を負ふ。
〔神奈川県・改，三重県・改〕

❺A：国民
　B：公共の福祉
解説
日本国憲法第12条の条文。

よくでる ❻日本国憲法が第25条で保障している，健康で文化的な最低限度の生活を営む権利。
〔宮城県・改〕

❻生存権
ポイント
社会権の中心をなす権利。

よくでる ❼ 主権者である国民の意見や要求を政治に反映させるとともに，人権保障を確かなものにするために，日本国憲法では，選挙権，被選挙権，請願権などの［　　　］権を保障している。 〔京都府・改〕

❼ 参政

よくでる ❽ すべて国民は，個人として尊重される。生命，自由及び［　　　］に対する国民の権利については，公共の福祉に反しない限り，立法その他の国政の上で，最大の尊重を必要とする。 〔和歌山県・改〕

❽ 幸福追求

解説
日本国憲法第13条の条文。この条文は，新しい人権の根拠になると考えられている。

よくでる ❾ 氏名や国籍などの個人の私生活に関する情報を，他人に知られたり，勝手に利用されたりしないために主張されている新しい人権。 〔栃木県・改〕

❾ プライバシーの権利（プライバシー権）

❿ 1999年に，「新しい人権」の1つとされる［　　　］を保障するため，行政機関の長に対して情報の開示を請求することを認める情報公開法が制定された。 〔神奈川県・改〕

❿ 知る権利

よくでる ⓫ 環境権が主張されるようになって，大規模な開発事業を行う前に環境への影響を調査する［　　　］が義務付けられるようになった。 〔愛知県・改〕

⓫ 環境アセスメント（環境影響評価）

⓬ 新しい人権の1つに個人が自分の生き方や生活の仕方について自由に決定する自己決定権がある。この自己決定権の観点から，医療において，医師が十分な説明や情報を与えたうえで，患者が治療方法などに同意すること。 〔青森県・改〕

⓬ インフォームド・コンセント

国会(立法権)

よくでる ❶国会は，国権の[**A**]機関であつて，国の唯一の[**B**]である。

〔福島県・改，長崎県・改〕

❷日本の国会は衆議院と参議院からなっている。この制度。　〔石川県・改〕

❸毎年1回，原則として1月に召集される国会。
〔大阪府・改〕

よくでる ❹次の図の □ に当てはまるもの。

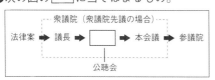

衆議院（衆議院先議の場合）
法律案 ➡ 議長 ➡ □ ➡ 本会議 ➡ 参議院
公聴会

〔鹿児島県・改〕

よくでる ❺国会では，国会議員または[　　　]が法律案を提出する。　〔京都府・改〕

よくでる ❻予算について，参議院で衆議院と異なった議決をした場合，法律の定めるところにより[　　　]が開かれる。　〔大阪府・改〕

よくでる ❼証人を議院に呼んで質問したり，政府に記録の提出を要求したり，政治全般について調査することができる，衆議院と参議院が持つ権限。　〔青森県・改〕

---

❶A：最高
　B：立法機関
解説
日本国憲法第41条の条文。

❷二院制（両院制）

❸常会（通常国会）

❹委員会
解説
衆議院における法律案の審議の過程を表している。

❺内閣

❻両院協議会

❼国政調査権
解説
国会が正しく職務を遂行するために認められている権限。

地理

歴史

公民

内閣(行政権)

❶内閣が国会の信任に基づき,国会に対して
連帯して責任を負うしくみ。 〔三重県・改〕

❷内閣総理大臣は,国会議員の中から国会の
議決で,これを [   ] する。
〔福島県・改〕

❸内閣は,内閣総理大臣及びその他の
[   ] によって組織される。
〔大阪府・改〕

❹内閣総理大臣と国務大臣が出席して内閣の
方針を決定するために開かれる会議。
〔香川県・改〕

❺天皇の国事行為には,内閣が責任を負うこ
ととともに,何が必要か。 〔三重県・改〕

❻行政が許認可権を見直し,自由な経済活動
をうながす動きや考え。 〔岡山県・改〕

よくでる ❼わが国では,衆議院で,内閣 [   ] の
決議案が可決されると,内閣は,10日以内
に衆議院を解散するか,総辞職しなければ
ならない。 〔愛媛県・改〕

---

❶議院内閣制

❷指名
解説
日本国憲法第67条の条
文。

❸国務大臣

❹閣議
解説 内閣総理大臣に
よって開かれ,全会一
致によって議決される。

❺内閣の助言と承認

❻規制緩和

❼不信任

裁判所(司法権)

❶すべて裁判官は，その［ **A** ］に従ひ独立してその職権を行ひ，この憲法及び［ **B** ］にのみ拘束される。 〔静岡県・改〕

❶A：良心
B：法律
解説
日本国憲法第76条の条文。

よくでる ❷裁判を慎重に行い，人権を守るため，同一の事件について3回まで裁判を受けることができるしくみ。 〔三重県・改〕

❷三審制

よくでる ❸一般的には，個人と個人の間の争いが起こったとき，どちらか一方が相手を訴えることによって始まる裁判を［ **A** ］裁判という。この裁判では，訴えた側が［ **B** ］，訴えられた側が［ **C** ］となって，自分の意見を主張する。 〔茨城県・改〕

❸A：民事
B：原告
C：被告

❹法律などが憲法に違反していないかどうかを，最終的に決定できる権限をもつ最高裁判所の呼称。 〔栃木県・改〕

❹憲法の番人

❺最高裁判所の裁判官の任命が適切かどうか，直接，国民が判断する制度。 〔青森県・改〕

❺国民審査

❻司法制度改革の一環として2009年から始まった，国民が裁判官とともに刑事裁判を行う制度。 〔三重県・改〕

❻裁判員制度

差がつく ❼無実の罪で有罪となること。 〔群馬県・改〕

❼えん罪

地理
歴史
公民

社会保障と国民福祉

 よくでる

❶ 社会保障の種類を示した**表Ⅰ**の**A〜C**。

表Ⅰ

社会福祉	自立することが困難な人々に対して，生活の保障や支援を行う。
A	最低限度の生活を送ることができない人々に対して，生活費などを支給する。
B	加入者や事業主がかけ金を積み立てておき，病気など必要が生じたとき給付を受ける。
C	国民の健康の保持・増進を目的に，感染症の予防や下水道の整備などを行う。

〔三重県・改〕

❶ A：公的扶助
　　B：社会保険
　　C：公衆衛生

解説
日本の社会保障制度は，**表Ⅰ**の**A〜C**及び社会福祉の4つの柱で成り立っている。

❷ 高齢になったときなどに給付を受ける保険。

〔長崎県・改〕

❷ 年金保険

❸ 平成12（2000）年から導入された公的な介護保険制度には，[　　　]歳以上の国民全員が加入し，介護が必要と認定された場合に介護サービスを受けることができる。

〔新潟県・改〕

❸ 40

入試で差がつくポイント

Q 「大きな政府」「小さな政府」どちらに進むとしても，それぞれに問題点が出てくる。「小さな政府」へ進んだ場合，社会保障の面でどのような問題が生じると考えられるか書きなさい。　　〔佐賀県・改〕

A 例：社会保障（社会保険や社会福祉など）の質や量が低下する。

解説 「小さな政府」は，政府の役割を最小限にとどめようという考え方である。国や地方公共団体の行政の組織を見直し，公務員数を減らしたり，規制緩和を行ったりする。社会保障の面では，歳出を減らすこととなるため，質や量が低下すると考えられる。

国際連合

❶条約や，長年の慣行が法になったものなど，国家と国家の関係を定めるルール。

〔香川県・改〕

❶国際法

❷1968年に，アメリカ合衆国，ソ連（現在はロシア），イギリス，フランス，中国の5か国を「核兵器国」と定め，「核兵器国」以外の国が核兵器を保有することを禁止した条約。 〔高知県・改〕

❷核拡散防止条約（NPT）

❸国際連合の本部がある都市。 〔大阪府・改〕

❸ニューヨーク

よくでる ❹国際連合において，国際社会の平和の維持に主要な役割を果たしている［　　　］は，常任理事国と非常任理事国によって構成されている。 〔栃木県・改〕

❹安全保障理事会

よくでる ❺安全保障理事会の議決に関して，常任理事国に与えられている特権。 〔群馬県・改〕

❺拒否権

よくでる ❻国連教育科学文化機関の略称。 〔大阪府・改〕

❻UNESCO
_{ユ ネ ス コ}

よくでる ❼国連難民高等弁務官事務所の略称。

〔和歌山県・改〕

❼UNHCR

よくでる ❽オランダのハーグに本部を置き，国と国との争いを法に基づいて解決するために設置されている機関。 〔長崎県・改〕

❽国際司法裁判所

民主政治と選挙

❶現在, 日本の選挙は, 満 [A] 歳以上
のすべての国民が投票できる普通選挙や, 1
人1票の [B] 選挙などの原則のもと
で行われている。　〔北海道・改〕

❷日本の選挙の方法について定めた法律。
〔和歌山県・改〕

❸現在, 日本では, 衆議院議員の選挙（総選
挙）は, [A] 制と, 全国を11のブロ
ックに分けて行う [B] 制とを組み合
わせた選挙制度が採られている。
〔埼玉県・改〕

❹政党が実施しようとする政策やその実施方
法などを明記したもの。　〔兵庫県・改〕

よくでる ❺アメリカでは, [　　　] 制のしくみをとっ
ており, 国の行政の長は, 連邦議会の議員
とは別の選挙で選ばれる。　〔北海道・改〕

❻選挙によって国民から選出された代表者が
集まり, 話し合いによって物事を決定して
いく政治のしくみ。　〔宮城県・改〕

❼「人民の, 人民による, 人民のための政治」
という言葉を用いて, 民主政治の意味につ
いて語ったアメリカ合衆国の大統領。
〔大阪府・改〕

❶A：18
　B：平等
解説
他の選挙の原則に秘密
選挙や直接選挙がある。

❷公職選挙法

❸A：小選挙区
　B：比例代表
解説
おもにAは候補者個人,
Bは政党に投票される。

❹政権公約（マニフ
ェスト）

❺大統領

❻議会制民主主義
（代議制民主主義）

❼リンカン（リンカ
ーン）

地方自治

❶住民が首長と地方議会の議員（地方議員）という2種類の代表を選ぶ制度。〔岐阜県・改〕

❷地方自治は，地方公共団体（地方自治体）を単位として行われ，民主政治の原点であることから「民主主義の［　　　］」と呼ばれている。〔青森県・改〕

❸地方公共団体が地域の実情に合った独自の活動が行えるようにするために，1999年に成立し2000年に施行された法律。〔滋賀県・改〕

 よくでる ❹地方議会において制定される，地方公共団体独自の法。〔山口県・改〕

 よくでる ❺直接請求権によって議会の解散を請求するには，有権者の［　A　］分の1以上の署名を集め，［　B　］に提出することが必要である。〔富山県・改〕

 よくでる ❻地方公共団体の収入源のうち，地方税などが含まれている財源。〔沖縄県・改〕

 よくでる ❼地方公共団体間の財政格差を調整するために，国から配分される財源。〔栃木県・改〕

---

❶二元代表制

❷（最良の）学校
解説
民主主義のしくみを身近に理解できるため。

❸地方分権一括法

❹条例

❺A：3
　B：選挙管理委員会

❻自主財源

❼地方交付税交付金
ポイント
自由に使える依存財源。

地理

歴史

公民

国民主権

よくでる ❶憲法は，国会の議決だけではなく，最終的に国民投票が行われ，改正される。このような手続きをとることと，最も関わりのある日本国憲法の基本原理（原則）。

〔群馬県・改〕

❶国民主権

❷日本国憲法の改正において行われる国民投票の手続きを定めた法律。　〔オリジナル〕

❷国民投票法（憲法改正国民投票法）

よくでる ❸資料Ⅰは，国民の意思を明らかにするために，ある制度で用いられる投票用紙の一部を模式的に表したものである。このような投票用紙を用いて行われる制度を何というか。　〔福島県・改〕

❸国民審査

ポイント
資料Ⅰは，何を対象とした投票のための用紙であるかに注意する。

資料Ⅰ

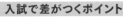

入試で差がつくポイント

Q 日本国憲法の三大原則の1つである，国民主権とはどのような原則か。主権の意味に触れながら説明しなさい。　〔福島県〕

A 例：国の政治のあり方を最終的に決める力が国民にあるという原則。

解説 日本国憲法では主権が国民にあることを原則にしているが，大日本帝国憲法では主権は天皇にあった。

財政と景気変動

よくでる ❶税金などで収入を得て，社会全体にとって必要な支出にあてる政府の経済活動。

〔石川県・改〕

❶財政

❷私企業からは提供されにくいため，政府が供給している道路，港湾，公園などの公共施設のこと。 〔高知県・改〕

❷社会資本
（インフラストラクチャー，インフラ）

よくでる ❸国や地方公共団体が決定したり，許可したりする価格。 〔石川県・改〕

❸公共料金
ポイント
水道や電気などの料金。

❹税金には，国が徴収する国税と，地方公共団体が徴収する [**A**] 税がある。消費税のように，税を納めなければならない人と税を負担する人が異なる税金を [**B**] 税という。 〔富山県・改〕

❹A：地方
B：間接

❺所得税で採られている，所得が多くなればなるほど税率が高くなるしくみ。

〔岐阜県・改〕

❺累進課税（制）

よくでる ❻好況と不況が交互にくり返されることを [　　] 変動と呼ぶ。 〔愛媛県・改〕

❻景気

よくでる ❼不景気の際には，需要量が供給量を下回って，物価が下がり続ける [**A**] が起こることがある。政府は，公共事業を増やすなどの [**B**] 政策を実施して，景気を安定させるようにする。 〔岡山県・改〕

❼A：デフレーション
B：財政

地理

歴史

公民

少子高齢化・情報化・グローバル化

❶平成30（2018）年のわが国の総人口に占める［　　　］歳以上の人の割合（高齢化率）は，28.1％となっている。
〔新潟県・改〕

❷お金の価値をデジタルデータ化したもの。
〔鹿児島県・改〕

❸新聞やテレビなどからの情報に対して冷静に判断して読み取る能力（力）。〔茨城県・改〕

よくでる ❹自分の作品をウェブページに発表するときに，侵害してはならない他人の権利。
〔滋賀県・改〕

❺たくさんの人，物，お金，情報などが国境をこえて移動することで，世界が一体化すること。
〔青森県・改〕

❻各国が，得意分野の商品を生産し，貿易によって交換し合うこと。
〔三重県・改〕

❼通貨と通貨を交換する比率を［　**A**　］という。また，外国の通貨に対して円の価値が低くなることを［　**B**　］という。
〔富山県・改〕

❽物品の輸入の際にかかる税金。
〔和歌山県・改〕

---

❶65

❷電子マネー

❸メディアリテラシー（情報リテラシー）

❹プライバシーの権利（プライバシー権）
ポイント
「新しい人権」の1つ。

❺グローバル化

❻国際分業

❼A：為替相場
　B：円安

❽関税

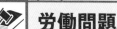

労働問題

❶ 日本国憲法で保障されている労働三権のうち，労働条件の改善を目指して，労働者が労働組合をつくる権利。 〔山口県・改〕

❶ 団結権

解説
労働三権は，これと団体交渉権・団体行動権（争議権）。

❷ 労働基準法では，労働時間を週 [**A**] 時間以内，1日 [**B**] 時間以内とすることや，毎週少なくとも [**C**] 日を休日とすることが定められている。 〔北海道・改〕

❷ A：40
　B：8
　C：1

よくでる **❸** 年齢とともに賃金が上がっていく賃金制度。 〔長崎県・改〕

❸ 年功序列（型）賃金

❹ 仕事の結果に応じて給料を支払う考え方。 〔群馬県・改〕

❹ 成果主義

❺ 一度就職すると同じ企業で定年まで働くという雇用形態。 〔徳島県・改〕

❺ 終身雇用制

❻ 1985年に職場での男女平等を定めた [**A**] 法が制定された。一方，職場の休業制度をより充実させるため，1999年に育児・[**B**] 休業法が施行された。 〔福島県・改〕

❻ A：男女雇用機会均等
　B：介護

ポイント
Bは少子高齢化の進行に対応するための法律。

❼ 男女が家庭生活を含めたさまざまな分野で対等に活動できる社会。 〔岡山県・改〕

❼ 男女共同参画社会

❽ 仕事と家庭生活の調和を図り，働き方や生き方の充実を目指す考え。 〔栃木県・改〕

❽ ワーク・ライフ・バランス

地理

歴史

公民

143

公害の防止と環境の保全

❶大気汚染，水質汚濁，土壌汚染，騒音などにより，地域住民の健康や生活環境がそこなわれること。　〔鹿児島県・改〕

❶公害

❷富山県の神通川流域で発生した公害病。　〔富山県・改〕

❷イタイイタイ病
ポイント
四大公害病の1つ。

❸国の環境対策をさらに進めるために，1993年に制定された法律。　〔北海道・改〕

❸環境基本法

よくでる ❹1997（平成9）年に制定され，大規模な開発や工事を行うにあたり，自然環境への影響を事前に調査することなどを定めた法律。　〔大阪府・改〕

❹環境影響評価法（環境アセスメント法）

❺資源の再使用や再資源化により，資源を有効活用することで廃棄物をできる限り少なくし，環境への負担を減らそうとする社会。　〔青森県・改〕

❺循環型社会

入試で差がつくポイント

Q 資料Ⅰは，東京23区においてみられるヒートアイランド現象について示したものである。これはどのような現象か，資料Ⅰをもとにして書け。ただし，都市化という言葉を使うこと。　〔鹿児島県・改〕

資料Ⅰ

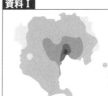

※熱帯夜は，夜間の最低気温が25℃以上の日のことで，色が濃いほど熱帯夜の日数が多いことを表している。

A 例：都市の中心部の気温が，都市化の進行によって周辺地域よりも高くなる現象。

解説 資料Ⅰから，東京23区の中心部が最も熱帯夜の日数が多く，中心部から離れるほど熱帯夜の日数が少なくなっていくことが読み取れる。都市の中心部では，道路の舗装や排熱などによって周辺よりも気温が高くなることがある。これをヒートアイランド現象と呼ぶ。

地球環境問題

❶さまざまな環境破壊の原因となる，二酸化炭素などの温室効果ガスが増加し，大気中の濃度が高くなることによって起こる象徴的な問題。〔岐阜県・改〕

❷大気中の温室効果ガスを増加させる要因となる石油や石炭，天然ガスなどのエネルギー資源をまとめて何というか。〔福島県・改〕

よくでる
❸1997年，気候変動枠組条約の第3回締約国会議で採択された，先進国に温室効果ガスの排出削減を義務づけるなどの内容の議定書。〔大阪府・改〕

❹ドイツやその周辺の国々で，沼や湖で魚が生息できなくなったり，森林が枯れたりしている現象の原因。〔静岡県・改〕

❺オーストラリアなどでは，紫外線を大量に浴びることによる健康被害が起こっている。この環境問題の原因。〔和歌山県・改〕

❻2002年に名古屋市の藤前干潟が登録された，多様な生態系をもつ湿地の保全を目的とした国際的な条約。〔青森県・改〕

❼将来の世代の幸福と現在の世代の幸福とが両立できる社会。〔青森県・改〕

---

❶地球温暖化

❷化石燃料
解説
地中の堆積物が年月を経て変化したもの。地下資源の一種。

❸京都議定書
ポイント
この締約国会議（COP3）の開催国は日本。

❹酸性雨
解説
大気中の窒素酸化物や硫黄酸化物が原因。

❺オゾン層の破壊
ポイント
オゾン層は太陽からの紫外線を吸収する。

❻ラムサール条約（特に水鳥の生息地として国際的に重要な湿地に関する条約）

❼持続可能な社会

地理
歴史
公民

資源・エネルギー問題

❶1973年，中東で起こった戦争の影響で，[　　　]の価格が大幅に値上がりし，先進国は打撃を受けた。〔富山県・改〕

よくでる ❷アフリカは，鉱産資源にめぐまれている。プラチナやコバルトなどのように，埋蔵量が少なく，純粋な金属として取り出すことが難しい金属。〔大分県・改〕

思考力 ❸表Ⅰは，化石燃料による発電と再生可能エネルギーによる発電の，それぞれの利点と問題点を整理しようとしたものである。下のア〜エのうち，表ⅠのCに当てはまるものを1つ選べ。〔香川県・改〕

表Ⅰ

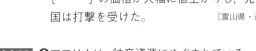

	化石燃料による発電	再生可能エネルギーによる発電
利　点	A	B
問題点	C	D

ア　電力の供給が自然条件に左右されること

イ　埋蔵量に限界があり，採掘できる年数が限られていること

ウ　地球温暖化の原因となる二酸化炭素などの温室効果ガスを排出しないこと

エ　少ない燃料で多くのエネルギーを取り出せること

❶石油（原油）
ポイント
第一次石油危機。

❷レアメタル
解説
日本語に訳すと希少金属。

❸イ
解説
Aにはエ，Bにはウ，Dにはアが当てはまる。現在は再生可能エネルギーによる発電の必要性が主張されているが，実際には化石燃料による発電がまだ主流である。このことから化石燃料と再生可能エネルギーによる発電の利点と問題点をそれぞれ考えるようにする。

政党と政党政治

よくでる ❶一般に，内閣を組織して政権を担当する政党を[**A**]党といい，政権を担当しない政党を[**B**]党という。〔北海道・改〕

❷政党政治の健全な発達を促すため，一定の要件を満たした政党に対して公費による助成を行うことを定めた法律。〔オリジナル〕

❸政党助成法に従って，国から一定の要件を満たした政党へ与えられる政治活動のための資金。〔オリジナル〕

❹1955年の結党以来，1993年まで基本的に単独で政権を担ってきた政党。〔オリジナル〕

❺2009年の衆議院議員選挙で多くの議席を獲得し，自由民主に代わって，社会民主党・国民新党とともに政権を担当した政党。〔オリジナル〕

よくでる ❻[**A**]制は大政党に有利といわれており，[**B**]制は少数意見が反映されやすいかわりに多くの政党が乱立しやすい。〔富山県・改〕

❶A：与
　B：野

❷政党助成法
　解説
　政治献金による悪影響を防ぐ目的で1994年に制定。

❸政党交付金
　解説 日本共産党は「思想及び信条の自由」に対する憲法違反などを理由に受け取りを拒否，制度の廃止を主張している。

❹自由民主党

❺民主党
　ポイント
　2009年時点での党首は鳩山由紀夫。

❻A：小選挙区
　B：比例代表

地理
歴史
公民

✏ 入試で差がつくポイント

Q 連立政権とは，どのような政権のことか。簡潔に書きなさい。ただし，「政党」の語を必ず用いること。〔長崎県・改〕

A 例：複数の政党によって組織される政権のことである。

解説 1つの政党のみで政権の獲得に必要な議席数を満たせない（単独過半数を維持できない）場合，連立政権がつくられる。

日本国憲法の制定

よくでる

❶天皇は，日本国の〔　　　〕であり日本国民統合の〔　　　〕であつて，この地位は，主権の存する日本国民の総意に基く。
〔鹿児島県・改〕

❶象徴
　解説
　日本国憲法第1条の条文。

❷日本国憲法において，天皇が内閣の助言と承認によって行う行為。
〔愛媛県・改〕

❷国事行為

❸国民の義務として日本国憲法に定められている3つのうち，「納税の義務」以外の2つ。
〔茨城県・改〕

❸勤労の義務，（子女に）普通教育を受けさせる義務（順不同）

❹憲法を制定することで国家の権力を制限し，人々の権利を守るという考え。〔沖縄県・改〕

❹立憲主義

❺立憲主義のもとでは，すべての法律や命令などは，〔　　　〕である憲法を頂点として構成されている。
〔三重県・改〕

❺最高法規

❻1889年2月11日に発布された，日本最初の近代的な憲法。〔オリジナル〕

❻大日本帝国憲法（明治憲法）

入試で差がつくポイント

Q 1947年に日本国憲法が施行された。この憲法によって，主権者がかわった。この憲法の施行前後で，主権者はだれからだれにかわったか。簡単に書きなさい。
〔静岡県〕

A 例：天皇から国民にかわった。

解説 日本国憲法は第1条で「主権の存する日本国民」と記して主権が国民にあることを示している。大日本帝国憲法は第1条で「大日本帝国ハ万世一系ノ天皇之ヲ統治ス」と記して主権が天皇にあることを示し，その他の条文で天皇にさまざまな権限を与えている。

人権思想

❶フランスの啓蒙思想家で，自由や平等を実現するために人民が主権をもつ共同体をつくる必要性を唱え，『社会契約論』などを著した人物。　　〔福島県・改〕

❶ルソー

よくでる ❷「権力が権力を阻止するのでなければならない」と言って，『法の精神』で三権分立の必要性を説いた人物。　　〔島根県・改〕

❷モンテスキュー
ポイント
フランスの啓蒙思想家。

❸18世紀にヨーロッパで起こり，人権宣言が出されたできごと。　　〔宮城県・改〕

❸フランス革命
ポイント
1789年に始まった。

よくでる ❹生存権を含む社会権を世界で初めて規定した憲法。　　〔滋賀県・改〕

❹ワイマール憲法
（ドイツ共和国憲法）
ポイント
1919年に制定された。

よくでる ❺人権の尊重は世界共通の基礎であるとして，1948年12月10日に [　　　] が採択された。　　〔栃木県・改〕

❺世界人権宣言

❻1966年に採択され，世界人権宣言を具体化して人権の保障を義務づけた条約。　　〔北海道・改〕

❻国際人権規約

地理

歴史

公民

入試で差がつくポイント

Q わが国の三権分立のしくみのように，国の権力を分立させるねらいを，「権力」と「国民の権利」の2つの語を使って，簡潔に書きなさい。　　〔高知県・改〕

A 例：権力の集中を防ぎ，国民の権利を守るため。

解説 三権分立のしくみは，1つの機関に権力が集中して独裁が行われないようにするためのものであり，国民の自由や権利を守る目的がある。

政治参加と世論

よくでる ❶日本における政治参加の機会について述べた文として適切なものを，次の**ア～エ**の中から1つ選べ。 〔兵庫県・改〕

ア 地方公共団体では，住民は首長と議員の選挙権のほかに，議会の解散や監査請求などを求める直接請求権が認められている。

イ 内閣の最高責任者として国の行政全体に責任を持つ内閣総理大臣は，国民による選挙で直接選ばれる。

ウ 都道府県知事と市町村長の被選挙権の年齢は同じであるが，衆議院議員と地方議会議員の被選挙権の年齢は異なる。

エ 参議院議員選挙の際，最高裁判所の裁判官が適任かどうかを審査する国民審査が行われる。

❶ア

解説
政治参加の方法はさまざまであるが，憲法や法律で定められているものについては，必要とされる条件や手続きなどを正しく理解しておかなければならない。

❷全員が参加して物事を決める政治制度。 〔島根県・改〕

❷直接民主制

よくでる ❸多くの人々に共通する政治や社会の問題についての意見。 〔宮城県・改〕

❸世論

 入試で差がつくポイント

Q 世論の形成には，新聞やテレビなどのマスメディアが大きな役割を果たしています。私たちは情報の受け手として，マスメディアが伝える情報に対して，どのような姿勢でのぞむことが求められるか，書きなさい。 〔山形県〕

A 例：情報をうのみにせずに，主体的に考えて判断する姿勢。

解説 マスメディアは多くの情報を伝えるが，すべてが正しいとは限らない。そのために多くの情報を適切に取捨選択して活用する能力であるメディアリテラシー（情報リテラシー）が必要になる。

消費生活

❶家族や個人として消費生活を営む単位。
〔宮城県・改〕

❶家計

---

❷家計の収入から消費支出と，税金などを差し引いた残り。
〔青森県・改〕

❷貯蓄

ポイント
支出せずにためるお金。

---

❸電車やバスに乗ったり，美容室で髪を切ったりするなど，形の無い商品。　〔青森県・改〕

❸サービス

解説
形の有る商品は財。

 よくでる **❹**生産者によって生産された農作物が卸売業者や小売業者などを経て消費者のもとへ届く過程。
〔大阪府・改〕

❹流通

---

❺1962年に消費者の4つの権利を宣言して，各国の消費者行政に影響を与えたアメリカの大統領。
〔茨城県・改〕

❺ケネディ

解説
在任中にキューバ危機が発生した。

 よくでる **❻**製品の欠陥によって人の生命，身体又は財産に被害を受けたことを証明した場合に，被害者は製造業者等に対して損害賠償を求めることができる法律。
〔島根県・改〕

**❻製造物責任法
（PL法）**

解説
1994年に公布され，95年に施行された。

---

❼特定の販売方法において，一定期間内であれば契約を取り消すことができる制度。
〔栃木県・改〕

**❼クーリング・オフ
（制度）**

---

❽2004年に，自立した消費生活を目指し，消費者保護基本法を改正して成立した法律。
〔沖縄県・改〕

❽消費者基本法

金融と日本銀行

❶企業が株式や債券などを発行することによって，銀行などを通さずに必要な資金を調達すること。 〔山口県・改〕

❶直接金融

❷一般の銀行からの貸し出しなど，金融機関を仲立ちとして企業などが資金を調達するしくみ。 〔福島県・改〕

❷間接金融

❸資金の借り手は銀行に対して，借り入れた金額を期限内に返済するだけでなく，一定期間ごとに [   ] を支払わなければならない。元金に対する [   ] の比率を金利という。 〔埼玉県・改〕

❸利子（利息）

❹一国全体の立場から金融活動を行う銀行。 〔新潟県・改〕

❹中央銀行
解説
日本の場合は日本銀行。

❺日本銀行は日本銀行券という紙幣を発行する役割から [**A**] 銀行と呼ばれ，[**B**] の資金を預金として預かり，その出し入れを行う役割から [**B**] の銀行と呼ばれる。 〔青森県・改〕

❺A：発券
B：政府

よくでる ❻一般の銀行に資金の貸し出しなどを行う銀行としての，日本銀行の役割を表した言葉。 〔三重県・改〕

❻銀行の銀行

よくでる ❼日本の景気や物価の安定を図るため，日本銀行が行う政策。 〔京都府・改〕

❼金融政策
ポイント
公開市場操作など。

南北問題・人口問題

❶発展途上国の生産者が労働に見合う適正な収入を得られるよう，発展途上国で生産された農作物や製品を適正な価格で取り引きする取り組み。 〔佐賀県・改〕

❶フェアトレード（公正貿易，公正取引，公平貿易）

差がつく ❷発展途上国で，貧困層に少額の融資を行い自立を促す金融。 〔和歌山県・改〕

❷マイクロクレジット（マイクロファイナンス）

よくでる ❸利益を目的とせず，国境をこえて途上国や紛争地域における医療，環境問題や貧困問題などに取り組んでいる民間の団体を表す略称。 〔長崎県・改〕

❸NGO

ポイント
日本語の表記では非政府組織。

❹わが国は，さまざまな形で国際貢献を行っているが，政府が，発展途上国への資金協力や青年海外協力隊の派遣を含む技術協力などを行うことを何というか，書きなさい。 〔熊本県〕

❹政府開発援助（ODA）

入試で差がつくポイント

Q 資料Ⅰは，世界の総人口に占める先進国と発展途上国の割合を示し，資料Ⅱは，先進国と発展途上国別の穀物消費量を示している。資料Ⅰ，Ⅱを関連づけて読み取れることを，「一人当たり」の語句を使って書きなさい。 〔福岡県・改〕

資料Ⅰ
総数 675千万人
82 18%
▨ 先進国 □ 発展途上国

資料Ⅱ
総量 219千万t
85 134
0 100 200(千万t)
▨ 先進国 □ 発展途上国

（資料Ⅰ，Ⅱは，2008年の統計（FAO資料等から作成））

A 例：発展途上国の一人当たりの穀物消費量が，先進国に比べ少ないこと。

解説 資料Ⅰから発展途上国の人口は先進国の約4.6倍であり，資料Ⅱから発展途上国の穀物消費量は先進国のそれの約1.6倍であることから，比率が大きく異なっていることを読み取る。そこから指定語句の「一人当たり」の穀物消費量に焦点を合わせて考える。

でる度 ★★☆☆

市場経済

❶市場価格のうち，需要量と供給量が一致するときの価格である，**グラフI**の点P。　〔山口県・改〕

❶均衡価格

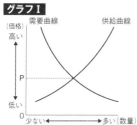

グラフI

(価格)
高い

需要曲線　　　供給曲線

P

低い

0　少ない　←→　多い(数量)

❷1947年に制定された，生産者どうしで相談して価格を下げない取り決めを行うことなどを禁じた法律。　〔滋賀県・改〕

❷独占禁止法

❸独占禁止法は，企業の公正で自由な競争をうながし，消費者の権利を守るために制定されたものである。この法律を実際に運用する行政機関として〔　　　〕が設置されている。　〔高知県・改〕

❸公正取引委員会

入試で差がつくポイント

Q ある店では，**資料I**のように，閉店時刻が近くなると生鮮食料品の値下げを行っている。効率の観点で，値下げを行う理由を，需要，価格の2語を使って，簡潔に書きなさい。　〔長野県・改〕

資料I 生鮮食料品にはられた値札

| 100g あたり | 899 | 本体価格(税抜) | 1249 |
| 内容量 | 139 | | (1349) |

値下げ品
本体価格より
400円引
値下後価格
849円
(税込) **917**円

2 2 3 1 1 1 2 3 1 2 4 9 3　2 0 0 4 0 0 0

A 例：価格を下げて需要を増やし，売れ残りを減らすため。

解説 値下げという行為は，供給側が商品の価格を下げることであり，このことによって買い物客が買いたい量すなわち需要量が増えると想定される。値下げによる需要量の増加が供給側にもたらす利点を「効率の観点」から考える。

25 【日本】 でる度 ★★★☆☆

生産のしくみと企業

❶企業のおもな目的は，売り上げから原材料費などの費用を引いた [　　　] を得ることである。　　〔群馬県・改〕

❷新たに事業を起こし，新しい技術や独自の経営方法をもとに，革新的な事業を展開する中小企業。　　〔青森県・改〕

 よくでる ❸海外に販売や生産の拠点をもち，国境をこえて事業を展開している企業。〔和歌山県・改〕

 よくでる ❹企業には利潤を追求するだけではなく，企業の [　　　] を果たすことが期待されている。　　〔岡山県・改〕

 よくでる ❺企業が広く効率よく資金を集めるために考えられた方法の1つが，[**A**] 会社という形態である。企業が発行した [**A**] を購入した個人や法人は [**B**] と呼ばれる。　　〔富山県・改〕

❻株式を購入した出資者が受け取ることができる，株式会社の利潤の一部。〔香川県・改〕

❼株式を購入した出資者は，[　　　] に出席し，保有する株式数に応じて議決権をもち，経営の基本方針の決定や役員の選出をすることができる。　　〔香川県・改〕

❶利潤
解説
❶の追求は資本主義経済に沿った考え方。

❷ベンチャー企業（ベンチャー・ビジネス）

❸多国籍企業

❹社会的責任
解説
企業の❹のことをCSRと呼ぶこともある。

❺A：株式
B：株主

❻配当（配当金）

❼株主総会
解説
この集会で取締役の選任などが行われる。

地理
歴史
公民

地域主義

❶日本を含め太平洋を取り囲む多くの国々が
加盟しているアジア太平洋経済協力会議の
略称。　　　　　　　　　　　　　〔兵庫県・改〕

❶ エイペック
APEC

よくでる ❷東南アジア諸国連合の略称。　　　〔大阪府・改〕

❷ アセアン
ASEAN

❸ヨーロッパ連合（EU）の一部の加盟国が
自国の通貨を廃止して導入している共通通
貨。　　　　　　　　　　　　　　〔岐阜県・改〕

❸ ユーロ

❹ブラジルが加盟している地域機構（まとま
り）の略称。　　　　　　　　　　〔茨城県・改〕

❹ メルコスール
MERCOSUR
解説
南米南部共同市場。

❺自由貿易協定の略称。　　　　　　〔岡山県・改〕

❺ FTA

❻貿易の自由化などを図る経済連携協定の1
つとして，2018年に日本がアジア太平洋地
域の多くの国々と調印した協定の略称。
　　　　　　　　　　　　　　　　〔福島県・改〕

❻ TPP
解説
日本語の表記では環太
平洋経済連携協定（環
太平洋パートナーシッ
プ）。

❼国どうしが特定の地域でまとまりを作り，
協調や協力を強めようとする動きを何とい
うか，次の**ア〜エ**の中から1つ選べ。
　　　　　　　　　　　　　　　　〔青森県・改〕

ア　ナショナリズム
イ　リージョナリズム
ウ　グローバル
エ　リコール

❼イ
解説
地域主義と同義。

でる度 ★★☆☆

冷戦後の新しい紛争

❶冷戦が終わった後，民族間の対立から内戦が起こり，セルビアやクロアチアなどの国々に分裂した東ヨーロッパの国。〔オリジナル〕

❶ユーゴスラビア

❷2001年9月11日，アメリカ合衆国のニューヨークやワシントンなど複数の場所で起こされたテロ事件の名称。〔オリジナル〕

❷(アメリカ) 同時多発テロ (事件)

❸同時多発テロの首謀者をかくまっているとして，2001年からアメリカ合衆国などが攻撃した西アジアの国。〔オリジナル〕

❸アフガニスタン

 よくでる ❹紛争地域では，住んでいた土地を離れて周辺国などへと逃げる [　　　] が発生している。そこで，国連 [　　　] 高等弁務官事務所 （UNHCR） では，各国にそうした人々の受け入れを求める活動をしている。〔岐阜県・改〕

❹難民

❺2011年に起こった反政府デモから内戦に発展した影響で，多くの難民がヨーロッパに逃げた西アジアの国。〔オリジナル〕

❺シリア
ポイント
首都はダマスカス。

 よくでる ❻オランダのハーグに本部を置き，国と国との争いを法に基づいて解決するために設置されている国際連合の機関。〔オリジナル〕

❻国際司法裁判所

❼人間一人一人に注目して，その生命や尊厳を守るという考え方。〔沖縄県・改〕

❼人間の安全保障

地理
歴史
公民

カバーデザイン ： 山之口正和（OKIKATA）
本文デザイン ： 斎藤充（クロロス）
編 集 協 力 ： エデュ・プラニング合同会社
校 　 正 ： 株式会社鷗来堂
D 　 T 　 P ： 株式会社ニッタプリントサービス
図 　 　 版 ： 株式会社ニッタプリントサービス，株式会社アート工房
写 　 　 真 ： アフロ, Kobe City Museum / DNPartcom, 徳川美術館イメージアーカ
　　　　　　　 イブ / DNPartcom, 国立国会図書館

|監修| **伊藤賀一（いとう がいち）**

1972年京都生まれ。新選組で知られる壬生に育つ。洛南高校・法政大学文学部史学科卒業後、東進ハイスクールを経て、現在、リクルート運営のオンライン予備校「スタディサプリ」で高校倫理・政治経済・現代社会・日本史、中学地理・歴史・公民の7科目を担当。43歳で一般受験し、2021年現在、早稲田大学教育学部生涯教育学専修に在学中。著書・監修書に『『カゲロウデイズ』で中学歴史が面白いほどわかる本』『『カゲロウデイズ』で中学地理が面白いほどわかる本』『改訂版　ゼッタイわかる　中学歴史』『改訂版　ゼッタイわかる　中学地理』（以上、KADOKAWA）、『くわしい　中学公民』（文英堂）などがある。

こう こう にゅう し　　　　　キー　ポイント
高校入試　KEY POINT
にゅう し もん だい　　こう りつ　　きた
入試問題で効率よく鍛える
いち もん いっ とう　　ちゅう がく しゃ かい
一問一答　中学社会

2021年11月12日　初版発行

いとう が いち
監　修　　伊藤賀一
発行者　　青柳昌行
発　行　　株式会社KADOKAWA
　　　　　〒102-8177　東京都千代田区富士見2-13-3
　　　　　電話0570-002-301（ナビダイヤル）

印刷所　　株式会社加藤文明社印刷所